坐标中国

国务院国资委新闻中心／编

中国经济出版社
CHINA ECONOMIC PUBLISHING HOUSE
·北京·

图书在版编目（CIP）数据

坐标中国 / 国务院国资委新闻中心编. -- 北京：中国经济出版社，2024.4

ISBN 978-7-5136-7705-9

Ⅰ. ①坐… Ⅱ. ①国… Ⅲ. ①国有企业-企业发展-中国-文集 Ⅳ. ①F279.241-53

中国国家版本馆CIP数据核字（2024）第065191号

项目统筹　李煜萍　海　毅
责任编辑　闫明明　李若雯

出版发行　中国经济出版社
印 刷 者　中煤（北京）印务有限公司
经 销 者　各地新华书店
开　　本　787mm × 1092mm　1/16
印　　张　23.75
字　　数　150千字
版　　次　2024年4月第1版
印　　次　2024年4月第1次
定　　价　198.00元
广告经营许可证　京西工商广字第8179号

中国经济出版社 **网址** www.economyph.com **社址** 北京市东城区安定门外大街58号 **邮编** 100011

本书组编人员

（按姓氏笔画排序）

于吉轩	王　典	王泽林	刘海草
闫　永	孙　静	李虹萦	张馨亚
张灏然	陈　婷	范　可	金一泽
郎　媛	曹　平	彭　敏	魏　琪

代序

非凡十年*
中国的十个维度

2012—2022 年，行进在中华民族伟大复兴的历史征程上，中国人民书写下极不寻常、极不平凡的时代篇章。

党的十八大以来，以习近平同志为核心的党中央团结带领全国各族人民，采取一系列战略性举措，推进一系列变革性实践，实现一系列突破性进展，取得一系列标志性成果，推动党和国家事业取得历史性成就、发生历史性变革。

一项项重点工程、一个个国之重器、一次次创新突破……新时代的伟大变革中，不同维度的独特标识记录下中国的非凡十年。

扫码听书

*《非凡十年：中国的十个维度》原载于 https://h.xinhuaxmt.com/vh512/share/11162819?d=1348c53&channel=weixin. 来源：新华社，记者熊争艳、王希、黄垚。

中国高度

这是对梦想的攀登。

8848.86 米！2020 年 5 月 27 日，五星红旗再次插上世界最高峰峰顶。

成功登顶的珠峰高程测量登山队队员，与珠峰大本营连线，实时传播高清视频画面。

5G 信号如何抵达世界之巅？

2020 年 4 月，从海拔 5200 米的珠峰大本营出发，40 名铺设组成员肩扛传输光缆，带着 46 头牦牛组成的运输队，在冰川山路跋涉，运送近 8 吨的建设物资，完成特种传输光缆铺设。

海拔 6500 米——4 月 30 日下午，世界海拔最高的 5G 基站投入使用。加上此前在海拔 5300 米、5800 米建成的基站，5G 信号已实现对珠峰北坡登山路线及峰顶的覆盖。

刷新高度的，不只是 5G 信号。

世界海拔最高的电气化铁路——拉林铁路，穿行于雪域高原，最高海拔 3650 米；

世界海拔最高的民用机场——四川稻城亚丁机场，海拔 4411 米；

世界海拔最高的火车站——青藏铁路唐古拉站，海拔 5068 米；

世界海拔最高的并网光伏电站——西藏羊易光伏电站，海拔 4700 米；

……

中国的发展达到崭新高度——党的十八大以来，我国经济总量从 53.9 万亿元提升到 114.4 万亿元，人均国内生产总值从 6300 美元提高到超过 1.2 万美元，多年对世界经济贡献率超过 30%。

追求、抵达、再出发，中国人向上攀登的脚步不会停歇。

中国速度

2021年，时速600公里高速磁浮交通系统在青岛下线，中国继续引领世界铁路技术的突破；“九章”“祖冲之号”问世让中国量子计算机实现算力全球领先……

速度，折射科技实力的提升——

2021年12月10日，长征四号乙运载火箭成功发射，中国长征系列运载火箭的发射次数正式刷新为“400”。37年、7年半、4年多、33个月，这是长征系列运载火箭4个“百次发射”所花费的时间，中国人探索太空的脚步不断加快。

速度，凝聚发展进步的动力——

光纤网络接入带宽实现从十兆到百兆再到千兆的指数级增长，移动网络实现从“3G突破”到“4G同步”再到“5G引领”的跨越，实现全国行政村“村村通宽带”……10年来，我国信息通信业实现迭代跨越，建成全球规模最大、技术领先的网络基础设施，打通经济社会发展的信息“大动脉”。

速度，彰显社会制度的优势——

火神山医院、雷神山医院在10多天时间里拔地而起，在最短时间内实现了医疗资源和物资供应从紧缺向动态平衡的提升，第一时间研发出核酸检测试剂盒……抗击新冠疫情中一次次快速出击，体现了同舟共济、守望相助的家国情怀，也是中国制度优势的生动写照。

中国跨度

经过近300天的飞行、4亿公里的奔赴，“天问一号”成功“落火”；

嫦娥四号首探月背，距地球约38万公里；

我国首颗太阳探测科学技术试验卫星“羲和号”，运行于平均高度为517公里的太阳同步轨道……

“探火”“奔月”“逐日”，跨越星球是我们从未停止的脚步。

跨度，丈量着时间与空间，更记录下新时代中国奋力前行的铿锵步伐。

放眼神州，以“跨越”实现“联通”。一个个重大项目，跨越山川，跨越江海，让流动的中国更显活力。

伶仃洋上，总长约55公里的港珠澳大桥宛若一条巨龙，一桥飞架三地。

天山之上，乌尉公路“咽喉”工程——全长22.1公里的天山胜利隧道正加紧施工。建成后，这条“雪域天路”将穿越天山，成为贯通南北疆的幸福之路。

放眼神州，以“创新”促进“跨越”。一个个高技术产品，成为我国实施创新驱动发展战略的注脚。

2022年9月，C919大型客机成功获颁型号合格证，成为我国大飞机事业的重要里程碑。C919立项至今15年，攻克无数艰难险阻，见证航空工业的跨越。

10年来，我国高技术产品质量更优。在一批中央企业攻关带动下，中国高铁、载人航天、北斗导航等大国重器成为国家新名片。

中国精度

2020 年 12 月 6 日清晨，一份“宇宙快递”正在交接。21 秒内，一“抱”一“抓”，一次堪称“教科书式”的交会对接，让历经千难万险采集到的月球样品一气呵成踏上来地球的路。

“太空穿针”惊险浪漫，背后有百公里测量范围内、测距精度达 0.2 米的微波雷达保驾护航。

国之重器，累积于每一次对精度的追求。0.01 毫米，这是极小径铣刀的直径，仅相当于八分之一头发丝粗细；±0.06 角秒，这是纳米时栅的最高测量精度，相当于 360 度圆周内任意 1 度的六万分之一，达到现有检测仪器水平的极限。

致广大而尽精微。

涉及 9000 多万人的脱贫攻坚，需要前所未有的精准到人——近 2000 万人次进村入户，开展贫困人口动态管理和信息采集工作；需要规模巨大的精准组织——户户有责任人，村村有帮扶队；需要实事求是的精准施策——根据不同致贫原因实施“六个精准”“五个一批”，因地制宜、因人施策。

翻开擘画中国 2021—2025 年发展的“十四五”规划，“大”文件中却有不少“细”安排：人均预期寿命提高 1 岁，地级及以上城市 PM2.5 浓度下降 10%，每千人口拥有注册护士数提高到 3.8 人……

天下大事，必作于细。这是中国追梦路上的鲜明特色。

中国深度

世界最深的实验室在哪里?

四川凉山，锦屏山隧道中部，2400 米地下，有一处安静地点——中国锦屏地下实验室。

建设深地实验室，曾是发达国家的专利。本世纪初，锦屏大河湾建起两座水电站，后来隧道贯通。正在寻找暗物质研究场地的清华大学，联系到国投集团雅砻江流域水电开发有限公司，希望利用隧道开展研究。仅用一年半时间，实验室建成。

与国际其他的地下实验室相比，这座实验室岩石覆盖最深、宇宙线通量最小、可用空间大，正助力我国在暗物质和天体物理研究领域进入全球第一方阵。

在这里，中国高校取得近 30 项暗物质研究成果；世界最强流深地核天体物理加速器成功出束，测量灵敏度、统计精度、曝光量等均在国际领先。

中国不断向未知的空间开拓，向科技的极限求索，挺进深海、进军深地、探索深空——

深海——2020 年，我国“奋斗者”号载人潜水器在“地球第四极”马里亚纳海沟坐底，坐底深度 10909 米；2021 年，我国首个自营勘探开发的 1500 米深水大气田“深海一号”投产，海洋油气勘探开发迈向“超深水”。

深井——2022 年，塔里木盆地，中国石油首口超 9000 米的深井鸣笛开钻，标志中国石油超深井钻井能力更进一步。

深空——“中国天眼”，把中国空间测控能力由地球同步轨道延伸至太阳系外缘；由佳木斯深空测控站、喀什深空测控站、阿根廷深空测控站组成的中国深空测控网，测控覆盖率达 90% 以上。

中国力度

金沙江上，白鹤滩水电站，一座拱形大坝横亘在高耸的山谷间，承受1650万吨的最大水推力。

海南文昌航天发射场，长征五号B运载火箭将中国空间站天和核心舱送入太空。这个被称为“胖五”的我国近地轨道运载能力最大的火箭，起飞重量约850吨，近地轨道运载能力达到25吨级。

湖南株洲，单机功率28800千瓦、牵引力2280千牛的“神24”电力机车，能在12‰的坡道上牵引1万吨货物列车……

“新时代坚持和发展中国特色社会主义，根本动力仍然是全面深化改革。”

全面深化改革向广度和深度进军。10年来，我国改革全面发力、多点突破、蹄疾步稳、纵深推进，各领域基础性制度框架基本确立，许多领域实现历史性变革、系统性重塑、整体性重构。

全面深化改革进一步解放和发展社会生产力。坚持使市场在资源配置中起决定性作用，让各类市场主体有更多活力和更大空间去发展经济、创造财富。我国市场主体总数突破1.6亿户，带动就业近3亿人，成为经济发展动力源。

从农村承包地“三权分置”改革到宅基地制度改革试点，一系列制度创新催生巨大内生动力。从司法体制、生态文明体制改革，到改革完善住房制度、医药卫生体制，一批批改革实招聚焦群众“急难愁盼”，增进人民福祉。

在开放中创造机遇，在合作中破解难题：外商投资法和优化营商环境条例施行，取消外资逐案审批制；授权全国所有地级及以上城市开展外商投资企业注册登记，通关便利化水平进一步提升；构建广交会、进博会、服贸会等经贸平台……中国以开放姿态拥抱世界，激活自身发展的澎湃春潮，为全球经济注入强大动能。

中国厚度

黑土地，被称为“耕地中的大熊猫”，在自然条件下形成 1 厘米厚的黑土层需要 200 年至 400 年。近年，我国东北地区正在进行黑土地“保卫战”，通过推广农业科技等措施，夯实“大国粮仓”根基。以黑土面积最大的黑龙江省为例，根据多年监测数据，黑土区旱地平均耕层厚度由 19.8 厘米加深到 23.3 厘米。

底子厚，底气才能足。土地如此，发展亦然。

今日中国，正在厚植创新的基础。10 年来，我国全社会研发投入从 2012 年的 1.03 万亿元增长到 2021 年的 2.79 万亿元，其中基础研究经费的增长曲线迅速上扬，2021 年为 1817 亿元，年均增长 15.4%。

今日中国，正在传承创新厚重的文化。10 年来，中华文明探源工程、“考古中国”成果丰硕；《复兴文库》《中华传统文化百部经典》编纂、出版，熔古铸今、激活经典；博物馆热、文物热、非遗热纷纷兴起，国潮国风成为新时尚……

今日中国，正在打造雄厚的实力。我国建成全球最完整、规模最大的工业体系，拥有联合国产业分类中全部工业门类，使我国实体经济底盘更稳、产业升级根基更牢，220 多种工业产品产量居世界首位。我国建成全球最大的 5G 网、高速铁路网、高速公路网、网络零售市场。

厚积薄发，才能走得更远。中国人将继续踔厉奋发、脚踏实地，推动经济高质量发展，为实现中华民族伟大复兴奠定更为雄厚的物质基础。

中国密度

2022 年，一款新的动力电池在中国问世，能量密度达到 255 瓦时 / 千克，可实现整车 1000 公里续航。

2012—2021 年，全国单位 GDP 建设用地使用面积下降 40.85%，国土经济密度明显提高。

小到电池能量密度，大到国土经济密度，提升意味着什么?

简言之，质量高了，含金量高了。

所谓“寸土寸金”，今天的中国，各地各部门、各行各业不断探索，让“寸土产出更多的金”。

“密度”提升，从节约集约利用资源入手。“用最少的资源环境代价取得最大的经济社会效益”，已成为中国人的普遍共识和努力方向。与 2012 年相比，2021 年我国能耗强度、碳排放强度、水耗强度分别下降 26.4%、34.4%、45%，主要资源产出率提高约 58%。

“密度”提升，关键在于创新能力。中国全球创新指数排名第 11 位，比 2012 年跃升 23 位，已进入创新型国家行列。无论是发展集成电路、生物医药、人工智能等新产业，还是布局数字经济、绿色低碳、元宇宙等新赛道，都是各地切实转变发展方式、追求高质量发展的注解。

“密度”提升，需要产业提质增效。中国新能源汽车产业突破了电池、电机、电控等关键技术，建立了上下游贯通的完整产业体系。新能源汽车产销量连续 7 年世界第一。借助新能源赛道，中国汽车产业“换道超车”的愿望正走向现实。

中国广度

2022年7月，地处欧洲东南部的克罗地亚，一座长2440米、宽22.5米的公路斜拉桥佩列沙茨大桥通车，克罗地亚总理普连科维奇称赞这座桥“实现了将克罗地亚南北领土连为一体的夙愿”。

4年前，由中国路桥公司牵头的中国企业联合体中标大桥项目，这是中国企业首次中标欧盟基金项目。

像佩列沙茨大桥这样的工程，正成为中国贡献的崭新地标……

在希腊，中远海运集团运营的比雷埃夫斯港，不仅是希腊最大港口，也是全球发展最快的集装箱港口之一。

推动共建“一带一路”，马尔代夫有了第一座跨海大桥，塞尔维亚斯梅代雷沃钢厂重现辉煌，蒙内铁路让非洲运输更便捷……

在这个蓝色星球，中国与世界更加联通——

平均每分钟有7300多万元人民币的货物在中国和世界之间吞吐；

平均每天有40多列火车在中国与约200个欧洲城市间穿梭；

从共建“一带一路”到国家级“展会矩阵”，从门类齐全的“世界工厂”到商机无限的“世界市场”，中国发展惠及全球。

今天的中国，“朋友圈”扩大。中国建交国总数增至181个，同110多个国家和地区组织建立伙伴关系，伙伴关系网络覆盖全球。

中国温度

从百姓不断改善的生活，最能感受中国发展的温度。

大凉山腹地，绝壁千仞。一座2556级的钢铁“天梯”，让“悬崖村”告别下山需要爬17段危险藤梯的历史，村民搬下“悬崖”，开启新生活。

历时8年艰苦卓绝的奋斗，现行标准下9899万农村贫困人口全部脱贫，中国历史性地解决了绝对贫困问题。第一个百年奋斗目标实现，在中华大地上全面建成小康社会。

幼有所育、学有所教、劳有所得、病有所医、老有所养、住有所居、弱有所扶，实现人们的美好愿望，正不断取得新进展。

3.5亿人次的农村学生，吃上营养均衡的餐食，这得益于我国实施的营养改善计划；

10.4亿人参加基本养老保险，退休人员的养老金水平不断提高，近3700万老年人正在享受老年人高龄津贴、养老服务补贴、失能老年人护理补贴等；

13.6亿人参保基本医疗保险，能用更低的价格、用上更多的新药好药，不少人开始享受跨省异地就医直接结算的便利……

这样的温暖，日渐充盈着中国人生活的不同切面。推进全体人民共同富裕，中国人将有更暖心的日子。

前言

国有企业是中国特色社会主义的重要物质基础和政治基础，是党执政兴国的重要支柱和依靠力量。作为经济发展的“顶梁柱”、社会稳定的“压舱石”，国有企业在我国经济社会发展中发挥着举足轻重的作用，其改革发展进程一直备受关注。

进入新时代，党和国家事业取得历史性成就。国有企业的一系列重大改革发展成果，也成为新时代中国发展的生动地标、中国实力的生动坐标。

新时代，新坐标。2022 年 9 月 12 日，在中央网信办网络传播局指导下，国务院国资委新闻中心与人民日报新媒体中心、新华社新媒体中心、中国新闻网、人民网人民视频等主流媒体及中国互联网发展基金会密切合作，联合 30 家中央企业，策划推出“我们这十年 @ 坐标中国”网上主题宣传（以下简称“坐标中国”），以党的十八大以来不断刷新的中国跨度、中国精度、中国高度、中国深度、中国力度、中国速度为经纬，集中展现十年来具有代表性的国资央企原创性贡献、突破性进展、标志性成果、历史性成就，以新时代中国发展的崭新地标、生动坐标，彰显“两个确立”的决定性意义。

2023 年，在“坐标中国”基础上，国务院国资委新闻中心结合深耕多年的“走进新国企”“视觉新国企”等品牌活动，联合中国新闻网深入策划了十个维度看中国——“走进新国企 · 打卡新坐标”网络互动传播活动，组织由专家学者、中央主流媒体、优质自媒体、网络名人等组成的打卡团，实地探访 10 余家中央企业打造的新时代坐标点，从十个维度系统展现习近平新时代中国特色社会主义思想在国资系统的实践伟力，充分反映新时代党和国家事业发展的非凡成就。

新时代，新国企。这两年的主题宣传，是对新国企的一次深入探索和重新发现。我们用深入浅出的科普视频和笔触，详细拆解了超级工程、大国重器的诞生之路，展现了中国建设者攻坚克难、挑战极限的胆识、魄力与智慧。我们走访了数十家具有代表性的新国企，通过与总师、科学带头人对谈，发现了企业在实现科技自立自强、构建现代化产业体系等方面的鲜活样板，通过与一线员工交流，挖掘出他们在新时代下的奋斗故事和心路历程。这些案例和故事，既是个体的成长与蜕变历程，也是整个国企改革与发展的缩影，更是我国推进中国式现代化建设的生动实践。

本书精选了两年活动成果的精髓。这些报道和记录，不仅展现了新国企的时代风采，也提供了宝贵的经验和启示。我们期望通过本书搭建一个与读者沟通的桥梁，让更多人了解新国企的真实面貌和发展成就。同时，也希望这些来自一线的真实故事，能够吸引更多朋友关心关注国资央企改革发展各项事业，进一步激发全社会创新创造的热情和活力，共同推动中国经济持续健康发展。

时代澎湃，江山壮丽，人民豪迈，前程远大。愿你我一道，踔厉奋发续写恢宏史诗，奋楫争先铸造崭新坐标。

国资小新

2024 年 1 月 20 日

目录

上卷
我们这十年 @ 坐标中国

下 卷
走进新国企·打卡新坐标

坐标中国

我们这十年@

上卷

卷首语

十年铿锵步 中国新坐标

大风泱泱，大潮滂滂。

锦绣山河荡开历史斑斓的图画，英雄人民留下时代闪亮的坐标。

从九天寰宇到碧波无涯，中国跨度于沧海山漠跨水飞梁；从重器挪移到毫芒铣刻，中国精度于芥子之微洞见须弥；从峭壁雪峰到生命禁区，中国高度于高远之极顶天立地；从广袤星河到壮阔深海，中国深度于浩渺之界探索无垠；从江河穹顶到钢筋铁骨，中国力度于千钧之境扛鼎拔山；从极速出行到极限算力，中国速度于须臾之间只争朝夕。

以非凡十年的奋进征程为纵轴，以时代先锋的担当作为为横轴，立于新时代中国的现实原点，来路星光灿灿，今朝群英堂堂。

扫码听书

看创新，攻坚拔头筹

云程发轫，踵事增华。锚定创新，擘画蓝图。

回首十年，中国现代化建设砥砺前行的道路上，众多重大工程和标志性成果如丰碑傲然矗立，淬炼着从“0”到“1”的创新拼搏，刻录着“敢为天下先”的大国风姿。

宇宙浩渺无垠，风光常在险峰。观深邃苍穹，见中国力度。“嫦娥”曼舞、“北斗”闪耀、“天问”揽星，背后离不开将我国现役火箭运载能力提升 2.5 倍的长征五号运载火箭。它标志着中国由航天大国向航天强国迈出重要一步，带着中国人对宇宙的叩问进入更深更远的太空。

二十年磨一尺，练就“精密之眼”。观毫厘微处，见中国精度。一种约为人

长征五号 B 运载火箭
［航天科技供图］

类头发丝直径 1/8 的极小径铣刀，可以在一根头发丝上铣出 7 个字母，在一粒米上铣出 56 个汉字。这种全球直径最小的铣刀，已经被我国微型精密刀具行业的领军企业制作出来。

深蓝光标串起信息大桥，行行代码链接星辰大海。观高精科技，见中国深度。从神舟十三号翱翔天际，到交通出行、移动支付等日常生活，“国之重器”银河麒麟操作系统逆势突围，解决了我国对国外产品近半个世纪的依赖，具有国内最高安全等级。

于回首中镌刻、在前路里展望，“开天”“辟地”“翻江”“倒海”等世界先进水平的标志性重大创新成果汩汩涌现。国企建设者们勇挑重担、敢打头阵，展现着担当科技创新主力军、原创技术策源地的基础和底气。

看发展，蓄力新阶段

制造强国，十年阔步。立破并举，落笔大局。

回首十年，中国经济转向高质量发展新阶段，呼唤着建设全国统一大市场。举一纲而万目张，加满油、把稳舵、鼓足劲，新时代中国经济有了更加清晰的历史坐标。

港珠澳大桥

［中文集团供图］

道通业兴，路通人和。从古代丝绸之路的阵阵驼铃，到亚欧大陆间“钢铁驼队”的声声汽笛，人员、货物等各类要素高效便捷流动，边疆地区经济取得长足发展，生态环境得到大幅改善，各族人民空前团结。

天虹飞架，海阔云舒。伶仃洋上潮起潮落，一座座桥梁高塔直入云端、一节节沉管隧道深埋大海。港珠澳大桥于碧波间横卧，天堑变通途，中国跨度让三地民众获得感更加充实，绘就粤港澳大湾区发展“同心圆”。

高铁飞驰，超轶绝尘。2017 年，“复兴号”以 350 公里时速正式运营，使中国成为世界上高铁商业运营速度最高的国家；2021 年，中国自主研发的高速磁浮交通系统成功下线，设计时速 600 公里的中国速度，架起“流动的中国”。

巍巍大坝，“白鹤”亮翅。安装有全球单机容量最大功率百万千瓦水轮发电机组的白鹤滩水电站，尽显中国力度，与长江干流乌东德、溪洛渡、向家坝、三

三峡水利枢纽工程
[中国三峡集团供图]

峡、葛洲坝五座电站，共同构成世界最大的清洁能源走廊，成为推动新时代中国高质量发展的绿色引擎。

中国的发展，总是在直面挑战中展开恢弘画卷。架起一架架连心桥、铺设一条条致富路、打造一座座幸福城，建设者们以强大的基础设施建设支撑起全国统一大市场的发展骨架，在中华民族复兴道路的历史长廊里闪耀光辉。

看民生，枝叶总关情

辉光所烛，万里同晷。民富国强，众安道泰。

回首十年，中国实现了第一个百年奋斗目标，正向第二个百年奋斗目标迈进。创造人间福祉，推动历史车轮，促进全体人民共同富裕成为为人民谋幸福的着力点。

“唐古拉，伸手把天抓。”“风雪仓库”唐古拉山的满目皑皑中，“山”字形站房造型的唐古拉站，如雪域高原镶嵌的一顶皇冠，静静伫立在青藏高原的唐古拉山脚下，其扩能改造之后，青藏铁路的列车通过能力大幅提升，雪域高原掀开中国高度的崭新篇章。

“远在阿里，苦在那曲。”被誉为“人类生理极限的试验场”的西藏自治区那曲市双湖县，坐落着一座世界上海拔最高、“离太阳最近”的加油站——双湖

唐古拉车站
[中国铁建供图]

加油站，这是双湖 11.67 万平方公里内唯一一座站，承载着 1.4 万牧民的生产生活用油，24 小时营业、全年无休。

“风吹石头跑，氧气吃不饱。”在素有“生命禁区”之称的雪域高原上，世界海拔最高的光伏电站——羊易电站点亮高原之光，改善了当地电网供电不足、电压不稳的局面，可满足约4万户农牧民用电需求，描画出农牧民的生活好“光”景。

看栋梁，同心铸梦圆

欣逢盛世，不负盛世。心有大我，至诚报国。

回首十年，我们积于跬步，奋楫笃行。移开历史的广角镜头，还有一代又一代大国工匠和央企脊梁们的接续奋斗，无数鲜活的面孔留下具体而微的生动片段。

宇宙有多广，梦想就有多大——“未来还将通过小行星探测、火星取样返回、木星系环绕等航天重大工程的实施，实现技术上的新突破、科学上的新发现，为人类和平利用太空贡献更多中国智慧、中国方案、中国力量。”来自航天科技集团有限公司五院的嫦娥三号、四号探测器系统总设计师，天问一号火星探测器系统总设计师孙泽洲说。

困难有多艰，能力就有多高——“福厦高铁就是一座桥梁博物馆，我们遇到了各种复杂桥型。从跨江大桥到跨海大桥，高铁桥早已突破江海阻隔。”中国铁建铁四院桥梁院福厦高铁主管工程师王德志说。

环境有多恶，信仰就有多坚——“这是世界海拔最高的光伏电站，说什么也得把它建设好。这是我们的责任！”国家电投西藏分公司羊易电站项目负责人张普风说。

挑战有多难，探索就有多勇——“此前，深水油气勘探开发关键技术掌握在少数发达国家手中。缺技术，就学习技术、钻研技术、创新技术！”中国海油“深海一号”超深水大气田开发项目总经理尤学刚说。

工程有多苦，匠心就有多笃——“精益求精的匠心苛求，确保了港珠澳大桥实现滴水不漏的高品质。”“深海钳工第一人”，拧60万颗螺丝零失误的大国工匠、中交一航局二公司总技师管延安说。

山高人为峰，中国建设者的脚步丈量着中华锦绣山河的沧桑巨变。走过艰难辉煌的过去，一路荆棘，一路动荡；走在蒸蒸日上的如今，一路坚守，一路创新；走向光明宏大的未来，一路向前，一路高唱。

莽莽神州万象新，粼粼山海尽朝晖。

又乘春风浩荡时，时代澎湃，江山壮丽，人民豪迈，前程远大。崭新的恢弘史诗，耀眼的中国坐标，必由劈波斩浪的时代先锋续写。

（中国新闻网　左宇坤）*

---

*《十年铿锵步，中国新坐标》原载于 https://m.chinanews.com/wap/detail/chs/zw/9871420.shtml.

中国跨度

第一章 问鼎苍穹 跨山越海

中国跨度

『当惊世界殊』

历史如潮，大道如砥。

波澜壮阔的历史进程从哪里书写，力拔山兮的时代先锋就在哪里登场。跨越九天寰宇，比天更高的是探索的目光；跨越碧波无涯，比海更远的是奋斗的脚步；跨越高远之极，比地更坚的是“愚公”的精神。

回顾这十年，中国现代化建设的每一瞬间都在创造奇迹、书写历史，让一个个“不可能”变成可能、一道道“无解题”得到破解。十年砥砺前行，化作惊艳跨步，跨出新的跨度，中国经济实力跃上新台阶，高质量发展驶入快车道。

扫码听书

坐标@中国

中国跨度

跨越天山

世界在建最长高速公路隧道 22公里

跨越大海

世界最长跨海大桥 55公里

跨越琼峡

世界单根最长的500千伏交流海底电缆
30.5公里

跨越沙漠

世界首条环沙漠铁路线 2712公里

跨越星球

“天问一号”首次“落火” 3.78亿公里

—— 中国跨度 央企营造 ——

跨苍穹，让“诸神传说”梦圆华夏

“嫦娥”探月、“祝融”探火、“羲和”逐日，中国人向着月球、火星、太阳等星球不断进发，叩问苍穹的脚步不曾停歇，远古神话梦想一个个变成现实，五星红旗一次次闪耀太空。

2020 年，嫦娥五号顺利从月球带回约 2 公斤月壤，梦想与诗歌中的婵娟从书页来到现实。自立项以来，中国探月工程“一张蓝图绘到底”，“一条龙”攻关攻坚，“一盘棋”协同推进，“一体化”迭代提升，中华民族“九天揽月”的千年梦想得以实现。

2021 年，天问一号探测器着陆火星，实现了从地月系到行星际的跨越；随后，“祝融号”火星车成功驶上火星表面开始巡视探测，我国首次火星探测任务一次实现了“绕、着、巡”三个目标，首次留下中国人印迹的火星辉映着“火神”祝融的光芒。

同年，随着首颗太阳探测科学技术试验卫星“羲和号”成功发射，中国迈入“探日”时代。“效法羲和驭天马，志在长空牧群星”，跟随上古神话中“太阳女神”羲和的脚步，中国人的宇宙探索终于拓展到这颗始终照耀着华夏儿女的璀璨星球。

浪漫与情怀遍洒苍穹，“诸神传说”成真，承载着中国人探索浩瀚宇宙的雄心与浪漫，跨越星球的背后是航天央企和无数航天人的智慧与心血。

问天、问月、问星河，宇宙有多大，梦想就有多大。来自航天科技集团有限公司五院的嫦娥三号、四号探测器系统总设计师，天问一号火星探测器系统总设计师孙泽洲说：“未来还将通过小行星探测、火星取样返回、木星系环绕等航天重大工程的实施，实现技术上的新突破、科学上的新发现，为人类和平利用太空贡献更多中国智慧、中国方案、中国力量。”

越海洋，让“珠联璧合”映落神州

1914 年，海口海甸河壳寮小岛上点亮了第一盏电灯。这个被海浪日夜拍打的岛屿，看见了自己黑暗中的模样。倏忽百年，500 千伏海南联网一回、二回工程相继建成并投产运行。从此，琼粤之间实现电力双回线路联网，为海南电力供应提供了“双保险”。

“海南联网二回大大提升了输电能力，降低了台风多发的海南岛大面积停电概率并化解了海南电网运行风险，同时解决了核电机组投产后的电网调峰问题，保障了电网运行安全以及发电机组提高稳定性和发电量。”南方电网超高压输电公司广州局海口分局福山变电站站长邓杰说。

世界崎岖跌宕，光无畏直行。供应稳定的电力跃入万家灯火之中，点亮了海岛的中国坐标，更多的人迎着光走来。

要看银山拍天浪，开窗放入大江来。连通大海的，除了腾焰飞芒的光，还有脚踏实地的桥。

放眼海上，世界最长的跨海大桥、世界最长的公铁两用跨海大桥、世界行车速度最高的跨海铁路、世界最大跨度的跨海峡公铁两用斜拉桥、世界最大跨径海中钢箱梁悬索桥……全都在中国。

这些大国重器背后，是中国交建、中国中铁、中国铁建等央企的名字。天海之间，从来不缺从无到有、“敢饮头啖汤”的开拓故事。

“逢山开路、遇水搭桥”。港珠澳大桥、平潭海峡公铁大桥、伶仃洋大桥、湄洲湾跨海大桥、泉州湾跨海大桥、安海湾特大桥……一座座跨海大桥，让“天堑变通途”，创造了“当惊世界殊”的发展成就。

“原来去澳门一天只能跑一趟，现在一天可以跑四趟；通过香港机场走的航空货，原来要提前两天到达香港仓库，现在通过大桥仅需提前半天。”对于在珠海从事跨境电商工作的郑太龙来说，港珠澳大桥让他运货花的时间更少了、收益更高了。

眼下，众多世界级桥梁项目仍在大江南北拔节生长、建设正酣，跨越的是大海的地理阻隔，连通的是人员、货物等要素的高效便捷流动。海上天路为梯，我们跨越的不止是大海，前往的也不止是对岸，而是一个共同的未来。

征山漠，让“丝绸古道”焕新颜

“要是有一条新通道可以更快到达库尔勒就好了。”做着牛羊肉生意的布伦加甫，经常要穿越天山往返于乌鲁木齐与和静县，一次运输费最少 5000 元，比一只羊都贵，路上还要走将近 10 个小时。若是到了冬天，大雪封路会让他更加头疼。

布伦加甫没想过自己的期盼这么快就要成真。9 月 5 日，中国交建宣布，在建世界高速公路第一长隧——乌尉天山胜利隧道进口端三洞顺利穿越全线最大断层，为隧道顺利贯通和乌尉高速公路顺利通车创造了良好条件。等到乌尉高速公路通车后，从和静县到乌鲁木齐只要 2 个多小时，而且一年四季 24 小时都可以通行。

高寒天山的另一极，是干旱酷热的沙漠。常年黄沙漫漫、天地混沌，风沙无孔不入，只能眯着眼睛，嘴里、鼻孔里满是沙尘，当地人常常笑称“每人每年要吃一块砖头”。

就是在有着“死亡之海”之称的塔克拉玛干沙漠极端的自然环境下，中国人建立起了世界上首条环沙漠铁路线——环塔克拉玛干沙漠铁路线。其中，由中国铁建负责全线勘察设计、轨道铺设工作，以及近一半的线下工程的和若铁路是这条铁路线的最后一块“拼图”。

望天山，独库公路、巴里坤至哈密公路、乌尉高速公路分卧西、东、中三线，物畅其流的通衢大道让丝绸古道焕新颜；观沙漠，和若铁路自 2018 年底正式开工建设到正式通车仅用时三年多，建设跑出加速度，铁路在塔克拉玛干沙漠“画”了一个圈。

抚今追昔，方觉来路之多艰。从闭塞难行到四通八达，是因为我们太知道，经济要发展，交通须先行；民生得改善，交通来开路。十年交通巨变，改写了神州大地的时空格局，挺起了泱泱大国的发展骨架。

回望过去沧海桑田，展望明天征途漫漫。中国跨度，央企建造。实践创造的中国跨度，将继续刻录进历史的长河。

（中国新闻网　左宇坤）*

---

*《问鼎苍穹、跨山越海……中国跨度“当惊世界殊”》原载于 https://m.chinanews.com/wap/detail/chs/zw/9850517.shtml.

一 跨越天山

连『天路』为『地网』，天山的『美与险』被绘成『写意图』

天山之巅，胜利之峰。

9月5日，在建世界高速公路第一长隧——乌尉天山胜利隧道进口端三洞顺利穿越全线最大断层，为隧道顺利贯通和乌尉高速公路顺利通车创造了良好条件，从胜利向胜利迈进。

回溯历史，张骞通西域，天山南北地区第一次与内地触连，“使者相望于道，商旅不绝于途”；放眼今朝，天山辟新途，不息的车流绘就边疆新画卷，石榴花开籽籽同心。

扫码看视频

中国跨度

跨越天山

Kua Yue Tian Shan

新疆天山胜利隧道，纵贯天山南北

北起乌鲁木齐，南至库尔勒，连接南疆和北疆，全长22公里

是世界在建**最长**高速公路隧道

从“单条线”到“跨越网”，畅通天山南北

天山之上，积雪浮云，日久岁深；天山之下，丝绸古道，千年沧桑。

横贯新疆东西的天山山脉如巨龙盘踞，绵延中国境内 1700 公里，将新疆大地分为南疆与北疆。天山北麓，牧场苍茫绵延；天山南部，沙漠绿洲交叠。高耸山脉隔开的不仅是地理位置，也有巨大的生产生活差异。

上雪山、下冰川，山的那边吸引着探路人，但条条天路几乎都要用无数人的鲜血蹚出来。打通天山南北，让天山“活起来”，推动人流、物流、资金流、信息流畅通，成为边疆儿女的夙愿和追求，也成为新时代交通建设者的重任。

横穿天山山脉的西线，独库公路贯通南北，由于海拔高度的急剧改变，它有着“一天有四季，十里不同天”的美称。这份“美与险”的背后，正是公路设计者和建设者为新疆人民留下的宝贵财富。

20 世纪 70 年代，每年五六月份的独库隧道附近仍布满终年不化的冰川。建设者 24 小时值守山上，困了就在车里睡，饮用水用完了就吃冰、吃雪，直到完成关键的隧道洞口、重要路段的铺设。

“天山精神”从来不缺继承者。2021 年，全长 11.8 公里的东天山隧道正式开通，这标志着国道 575 线巴里坤至哈密公路全线贯通。冬季的哈密，施工洞内温度达到 30° C，洞外则低至零下 30° C。地形地质恶劣、水文气象复杂，工程量是普通隧道的三四倍。

克服“长、大、高、寒”等显著特点。中国交通建设集团隧道建设者连续奋战 1800 多个昼夜，穿越了 10 条大小断层带，开挖山石 270 多万立方米铸就通天路，无愧于“奇迹”二字。按设计时速，汽车 10 分钟就可穿过隧道纵观“惟余莽莽”，东天山自此有了“物畅其流”的通衢大道。

如今，“中线”乌尉高速公路正在建设中，其中长约 22.13 公里的天山胜利隧道是全线控制性工程，也是目前世界最长在建高速公路隧道。建设大军仍以“让高山低头”的豪迈气概，连“天路”为“地网”，直向天山深处挺进。

乌尉高速天山胜利隧道

[中交集团供图]

天山胜利隧道洞口航拍

[中交集团供图]

从“经济脉”到“团结路”，古道再添辉煌

家在乌鲁木齐的布伦加甫一直期盼着有一条新通道可以更快到达库尔勒，做着牛羊肉生意的他，经常要穿越天山往返于乌鲁木齐与和静县。

“从巴音布鲁克用大货车拉一次羊到乌鲁木齐，一次运输费最少 5000 元，比一只羊都贵，路上还要走将近 10 个小时。”若是到了冬天，大雪封路会让布伦加甫更加头疼。

布伦加甫没想过自己的期盼这么快就要成真。乌尉高速公路通车后，从和静县到乌鲁木齐只要 2 个多小时，而且一年四季 24 小时都可以通行。

“今年走独库了吗？”每年春夏，在自驾游、摄影爱好者中，总会有这样的问候语。如今的独库公路成为网红打卡地，是“交通 + 旅游”的杰作。

“独库经济”方程式落笔重在基础设施改善，2019 年以来，中交养护集团对 184 公里的公路进行病害处治及提升服务品质，使得旅游车辆和人数同比大幅增长，一条路带动一片富。

如今，乌尉天山胜利隧道即将“加盟”，天山交通网络将进一步织密完善，“经济通道”向“通道经济”转变，更是极大地促进了新疆区域发展、民族团结，让各民族像石榴籽一样紧紧抱在一起。

“我们这里不仅漂亮，还有独特的草原蘑菇，特别欢迎大家来我们这里旅游。等高速公路开通了，我还想开一家餐厅，给大家做我们的特色美食。”当地牧民尼曼才仁对之后的生活充满了期待。

天路开阔，让新疆从封闭走向了开放，从落后走向了发展。截至目前，新疆高速公路总里程已突破 7500 公里，开放的新疆必将连通内地，拥抱世界。同时，中交公规院正在踏勘设计的独库高速公路已纳入国家公路网规划，建成后将实现全年、全天候开放。“大美独库”的秀丽风光，将邀您四季共赏。

从“工笔画”到“写意图”，边疆盛景常在

“天山雪后海风寒，横笛偏吹行路难。”边疆发展有多难？千百年的猎猎西风和漫漫黄沙知道答案。

从集中连片的整体贫困，到全疆现行标准下 306.49 万农村贫困人口全面脱贫；从古代丝绸之路的阵阵驼铃，到亚欧大陆间“钢铁驼队”的声声汽笛……近年来，新疆经济取得长足发展，生态环境得到大幅改善，各族人民空前团结。

假如这部围绕逶迤天山的发展史是一首磅礴长诗，那么深藏于崇山峻岭之间的三路通衢就是诗眼。正在建设中的乌尉高速公路天山胜利隧道中，便诞生了一个世界上前所未有的施工方案。

天山号 TBM

［中交集团供图］

“目前市面上大多数硬岩掘进机直径为 8~9 米，天山胜利隧道主洞直径是 13.62 米，在应对潜在的岩爆、涌水等不良地质时，施工风险就更大了。”中国交建新疆乌尉公路包 PPP 项目天山胜利隧道出口端建设团队总工程师毛锦波介绍说，排除用硬岩掘进机施工主洞的方案，“TBM 中导洞 + 主洞钻爆法组合工艺”的施工方案在一次次探讨后出炉。

这是国内首次在高速公路隧道施工中应用 TBM 掘进机。利用其快速掘进的效率优势，将整条隧道进行“切割”，从而实现“长隧超短打”，大大缩短了施工工期。“我们坚持创新引领，努力在乌尉项目打造原创技术策源地，以科技力量助推项目高质量建设。”中国交建新疆乌尉项目公司总经理崔景川说。

像这样的“独家定制”“业内首创”数不胜数。穿越一道道断层，突破一个个难关，每一处道路的打通就如同一幅幅细致的“工笔画”，共同绘就边疆“写意图”的盛景。

新时代，新通道，新机遇，天山之路越走越宽，共同标注出这十年中国奋勇发展的新坐标。

（中国新闻网　左宇坤）*

---

*《连“天路”为“地网”，天山的“美与险”被绘成“写意图”》原载于 http://m.chinanews.com/wap/detail/zwsp/cj/2022/09-13/9850848.shtml.

二

跨越大海

『飞虹』连天堑、织经纬，『珠联璧合』映落神州

胶州湾，宽约 28 公里；湄洲湾，宽约 30 公里；泉州湾，宽约 42 公里；伶仃洋，宽约 65 公里；杭州湾，宽约 100 公里……

曾经难以跨越的海上天堑，如今，除了无垠无际的碧波，还有一座座坚实宽阔的跨海大桥。

扫码看视频

中国跨度

跨越大海

Kua Yue Da Hai

港珠澳大桥，东连香港、西接珠海、澳门，总长55公里，举世瞩目

是当今世界最长、规模最大、标准最高、技术最先进的跨海集群工程

是世界最长跨海大桥

实现中国外海沉管隧道从0到1的突破

勾连天堑、编织经纬，海上架起天路网

跨江河，越湖海，穿峡谷，连群山。眼下，一座座世界级桥梁项目正在我国大江南北拔节生长。

珠江之畔，南海之滨。2018 年，总长 55 公里的世界最长跨海大桥——港珠澳大桥正式通车运营，香港、澳门、珠海三地人流、车流、物流更加紧密地联系在一起，大湾区内要素流动得到极大便利，发展空间更加广阔。

风暴之域，强者战场。2020 年，我国首座跨海公铁两用桥、世界最长跨海峡公铁两用大桥——平潭海峡公铁大桥以坚实的身躯“定住”风暴海域，体量之大创下跨海大桥之最。

新的征途，砥砺迈进。2022 年 8 月，我国首条跨海高铁——新建福厦铁路全线铺轨贯通，中国高铁实现“跨海不减速”。我国高铁海上建设的先河由此开创，为解决东南沿海地区铁路“瓶颈”制约、构建现代交通新格局补上了一块重要拼图。

从公路大桥、公铁两用大桥到高速铁路桥，从跨江大桥到跨海大桥，多种新型桥梁结构、技术广泛应用，造就我国跨海大桥建设的新速度。

我国首座跨海高铁——福厦高铁

[中文集团供图]

人享其行、物畅其流，飞虹载入幸福来

15 年前，刚从厦门大学毕业的李新国乘坐火车来福州创业，“13 个小时的颠簸路途太耽误工夫了”。随着福厦铁路的开通，他在福州和厦门间开启了“双城生活”，“只要两个小时，当天就能往返，实在太方便了”。

更快一步的福厦高铁，让李新国的期待更多一分。福厦高铁通车后，福州至厦门行程缩至 1 小时内，为打造福建沿海“一小时经济圈”提供了强劲动力。

“原来去澳门一天只能跑一趟，现在一天可以跑四趟；通过香港机场走的航空货，原来要提前两天到达香港仓库，现在通过大桥仅需提前半天。”对于在珠海从事跨境电商工作的郑太龙来说，港珠澳大桥带来最直观的感受是：运货花的时间更少了，收益更高了。

粤港澳大湾区对当地居民而言，是家的扩大和延伸。软硬联通并举，是高质量建设大湾区、打造世界级城市群的必然路径。“轨道上的大湾区”正在加快形成，基本形成“一小时生活圈”。

在福建，出生于平潭苏澳镇梧井村的杨朝平还记得，小时候跟着父母从平潭去福州探亲，从家里坐拖拉机到码头，乘轮渡到松下镇，再转汽车到福州市区，全程至少要用 12 个小时。从小晕船的杨朝平，“特别害怕去福州”。

平潭海峡公铁大桥公路段通车试运营，为平潭增加了一条设计时速 100 公里的六车道高速公路通道及时速 200 公里的铁路通道。条条大道驰而不息，联通交流，也传感乡愁。

逢山开路、遇水架桥，挑战“建桥禁区”

世界最长的跨海大桥、世界最长的公铁两用跨海大桥、世界行车速度最高的跨海铁路、世界最大跨度的跨海峡公铁两用斜拉桥、世界最大跨径海中钢箱梁悬索桥……跨海大桥建设难度如此巨大，建设过程如此漫长，为何数以万计的建设者们要一次次跨越大海?

“从某种角度上来讲，港珠澳大桥是一个‘香饽饽’，但从工程建设的难度来讲，这可是一个‘硬骨头’。”中交公规院总经理、港珠澳大桥岛隧工程总设计师刘晓东说。在半刚性结构的设计理念下，成功建设了港珠澳大桥沉管隧道。

到了建设中的深中通道，世界最大跨径海中钢箱梁悬索桥——伶仃洋大桥，将通过人工岛与世界首例特长双向八车道海底隧道强强联袂。

“深中通道海底隧道的沉管段长约 5 公里，由 32 个管节和 1 个最终接头组成，各管节像拼积木一样实现‘海底牵手’。但一个管节的体量便堪比一艘中型航母。”中交公规院副总经理、深中通道总设计师徐国平介绍。于是，深中通道沉管隧道在世界上首次大规模采用钢壳混凝土结构。

跨越大海的难度，除了长度和跨度的突破，还有来自海洋自身的“挑战书”。

2022 年 4 月 22 日，深中通道伶仃洋大桥猫道贯通。伶仃洋大桥主跨 1666 米，为世界最大跨径海中钢箱梁悬索桥。大桥猫道最高点距离海面 270 米，最低点 105 米，是世界海中最高猫道

[中交集团供图]

在福建省平潭县一带，每年六级以上大风超过300天，风高浪急。“恶劣的气候条件和复杂的水文地质条件让这里一度被称为‘建桥禁区’。”中铁大桥局平潭海峡公铁大桥项目总工程师王东辉说。

为克服恶劣的自然环境，中铁大桥局在大桥施工过程中采取钢桁梁整孔全焊接制造，在工厂整体制造总拼，然后历经约1000公里海上运输至桥位处，现场海上浮吊整孔架设，为国内首创，填补了我国斜拉桥大节段钢桁梁整孔吊装架设的技术空白，实现钢桁梁桥梁架设施工由单片架设到整节间架设再到整孔架设的一个飞跃。

其中，中铁大桥局历时3年打造的“大桥海鸥号”自航双臂架变幅式起重船，起重能力达3600吨——相当于2400辆小轿车的重量，主钩起升高度达110米——相当于39层楼高，是国内起重量最大、起升高度最高的双臂架起重船。

要看银山拍天浪，开窗放入大江来。

不久前，安海湾特大桥最后一段轨道铺设完毕，标志着我国首条跨海高铁福厦高铁离开通运营又近了一步。

由中国铁建大桥工程局集团负责建设的安海湾特大桥，是新建福厦铁路全线控制性工程之一。在四年多的建设时间里，大桥建设者们先后攻克潮汐区钢混组合吊箱围堰、大直径深水桩基、主塔钢锚梁定位等一系列施工难题。泥沙分离器、混凝土超灌提醒仪、超声波检孔仪、智能温控系统……安海湾特大桥施工采取的最新桥梁施工技术、工艺多达10余种。

蓝图徐徐铺展，建设热火朝天。一座座大桥最终成为我们脚下坚实的道路，踏上这一条条海上天路，我们跨越的不止是大海，更是前往一个共同的未来。

（中国新闻网　左宇坤）*

*《“飞虹”连天堑、织经纬，“珠联璧合” 映落神州》原载于 http://www.chinanews.com.cn/cj/2022/09-14/9851675.shtml.

三

跨越琼峡

琼粤海底『牵手』，『云电入琼』点亮万家灯火

数十万年前，石器时代的一簇篝火，点亮了黑暗中的眼睛；如今，新时代的一项电网工程，点亮了琼崖的万家灯火。

世界明暗，万物章章，人类从未停止对光的追逐，哪怕是跨越海峡，亦有人迎光走去。

扫码看视频

中国跨度
跨越琼峡
Kua Yue Qiong Xia
海南联网系统跨越琼州海峡，工程分两期建设，单根电缆长约30.5公里，是我国第一个500千伏超高压、长距离、大容量的海底电力工程。
世界单根最长的500千伏交流海底电缆
海底电缆敷设

“海岛要有光”

1914 年，海口海甸河壳寮小岛上点亮了海南第一盏电灯。这个被海浪日夜拍打的岛屿，看见了自己黑暗中的模样。

倏忽百年，“要有光”从梦想变为现实，凝结了南网人一诺千金的不懈奋斗。2009 年 6 月 30 日，500 千伏海南联网一回工程成功投产。曾与内地电网隔着琼州海峡相望的琼岛，开始告别电力“孤独”。

曾经的海南电网是什么模样的？在琼州海峡的分隔之下，自从1914年通电以来，海南电网都是孤立的岛屿电网，电网结构薄弱，“大机小网”问题突出，影响了供电安全可靠性，时不时的停电也给居民生活带来影响。

“正忙着写材料，还没来得及存盘，忽然停电导致数据丢失，半天的劳作化为乌有，气得‘鼻子冒烟’。”曾经参与了海南联网工程建设、现为南方电网公司计划与财务部（运营监控中心）副总经理的符永锋回忆道。

“夏天海南天气炎热，用电需求比较大。我们做餐饮的店铺空调基本都是 24 小时工作，但以前不时就会出现停电的情况，基本这一天就没多少客人进店，收入少了很多。”在海口市从事餐饮行业的李女士说。

除了岛上居民用电需求得不到满足，电力供应也难以追上海南省发展的脚步。海南电网负荷增长速度加快，但省内可开发的水电资源有限，电源建设不确定因素较多，导致电网面临缺电困扰。

2005 年 9 月，台风“达维”更是对海南电力设施造成重创。“那时候台风风力过大，海南出现全岛大面积的停电，工程项目建设停摆了好长时间，最后出现工期延迟。”海口市某建筑公司的王经理说。

“想办法跨过海去与主网联网！”一个大胆的梦想在海南电力人心中萌芽。

“定海神针”来了

回望海南联网工程建设初期，国内关于海底电缆工程的经验几乎是空白。琼州海峡海况复杂、没有海上作业经验、不熟悉有关海洋管理的工作流程和手续办理、电缆专业人才稀缺……这一切都是挑战和考验。

联网工程中，海底电缆的敷设是关键一环。海底电缆与普通电缆不同，要求一次性把一根电缆完全敷设到海底中，不能中断、停顿或者出差错，难度相当大。建设过程中，需要一直有随行的警戒船 24 小时现场监护和警戒，以有效保证施工船舶的安全以及施工作业不受外来船舶的干扰，确保海底电缆安全施工。

按照施工要求，海缆路由周围 300 米海域内不允许有任何杂物，沉在 100 米以下的渔具要如何处理？施工人员注意到了渔船上一把毫不起眼的 D 形刀，在渔民的帮助下，利用这种简陋工具的原理轻松切除渔绳，一天最快可以割 10 根渔绳，而此前的操作一天只能割 2 根，“土方法”大大提高了施工效率。

海缆看起来是个“大家伙”，其实却非常“脆弱”。在将海缆从临时泵站转移到终端站时，外籍施工方提出的大型机械搬运方案开价上百万元、耗时 1 个月。但工期不等人，工程项目部找来 100 多位村民，经过多次演练，用肩挑背扛的人海战术成功搬运了海缆。

据了解，海南联网一回工程投运后的 10 多年里，不管是抵御台风袭击，还是承担重大活动保供电，海南省再也没有出现过大面积停电，因此这一工程也被誉为海南电力供应的“定海神针”。

一次次创举，一次次突破，500 千伏海南联网一回、二回工程相继建成并投产运行，在“全国电网一盘棋”的坐标系中，落下来自南方的重重一子。

2022 年 7 月 25 日，海南联网系统工程林诗岛终端站

［南方电网供图］

“云电亦可入琼”

2018年，党中央决定支持海南全岛建设自由贸易试验区，支持海南逐步探索、稳步推进中国特色自由贸易港建设。海南岛打开新篇章，迎来新使命。海南经济社会飞速发展，原有的单回联网已不能满足海南省内的电力供应及电网系统需要。

琼州海峡的另一端，呼唤着更多动力源，而蓝图早已绘就。2015年10月，海南联网二回工程陆地工程在海南省澄海县破土动工。

“联网二回的整个施工过程中，最困难的是海底电缆敷设阶段。”南方电网超高压输电公司广州局海口分局海缆运维部经理郭强介绍，由于琼州海峡海况复杂，风急浪高，平均水深44米，最深达到110米，要一次性把没有接头的电缆安全地敷设到海底，难度非常大。

2018年11月5日，海南联网二回工程海底电缆预挖沟

［南方电网供图］

“深海作业的海缆敷设部分，通过动力定位船只，配备水下遥控机器人、自动定位等全自动化施工设备，准确将海缆敷设到指定路由位置。海缆登陆段的敷设作业敷设船停在距岸边 1 公里左右的地方，将绑扎好浮体的海缆从船尾‘吐’出。”

历时近 4 年的艰苦建设，琼粤再度海底“牵手”。2019 年 5 月 30 日，海南联网二回工程建成投产运行。从此，海南通过琼粤海底“牵手”实现电力双回线路联网。联网二回的投运，为海南新增 60 万千瓦的送电规模，加上联网一回，两条电力大通道的送电规模达到 120 万千瓦，相当于 2018 年海南全省最大用电负荷的四分之一。

“海南联网二回工程极大提升了系统输电能力，有效降低了台风多发的海南岛大面积停电的几率，同时保障了岛内核电等大机组出力期间电网安全稳定运行，电网结构和电能质量进一步得到优化。”南方电网超高压输电公司广州局海口分局福山变电站站长邓杰说。

海南联网二回工程还进一步增强了海南居民的电力获得感。李女士说：“现在基本没有出现突然性跳闸或是停电，也就不会因为供电问题影响我们这些小本生意。”

据南方电网介绍，除了电网安全系数大幅提升外，海南联网工程还可以有效地调剂海南电力余缺，为南方电网主网向海南输入清洁能源创造条件。“云电入琼”有效改善了海南能源结构，助力海南清洁能源岛建设，为海南自贸港建设贡献南网力量。

世界崎岖跌宕，光无畏直行。海南电力供应稳定，点亮了万家灯火，也点亮了海岛的中国坐标。

（中国新闻网　左宇坤）*

*《琼粤海底“牵手”，“云电入琼”点亮万家灯火》原载于 http://www.chinanews.com.cn/cj/2022/09-15/9852574.shtml.

四

跨越沙漠

在『死亡之海』画圈，绘就大漠绿色生态图

塔克拉玛干沙漠是世界第二大流动性沙漠，因常年干旱少雨、蒸发量大，是生命的禁区，因此也被称为“死亡之海”。

然而，就是在这样的自然环境下，中国人建起了世界上首条环沙漠铁路线——环塔克拉玛干沙漠铁路线。和若铁路是这条铁路线的最后一块“拼图”，风沙无孔不入、建设条件艰苦卓绝、生态环境脆弱……面对一系列难题，建设者们一一破解。

扫码看视频

中国跨度

跨越沙漠

Kua Yue Sha Mo

2022年6月16日，和若铁路开通运营，全长825公里设计时速120公里。和若铁路与南疆铁路、格库铁路构成一条全长2712公里的环塔克拉玛干沙漠铁路线

世界首条环沙漠铁路线建成

迎战风沙的智慧

截至 2021 年底，我国铁路运营里程已达 15 万公里，但在南疆地区，由于沙源丰富、沙害严重，该地区的交通条件长期滞后。和若铁路的开通使南疆地区与内陆运输距离较既有铁路通道缩短 1000 余公里，对当地发展至关重要。

然而，在和若铁路的建设过程中，来自“死亡之海”的风沙成了最大挑战。

“每次去新疆，都是黄沙漫漫，天地一片混沌，风沙无孔不入，只能眯着眼睛，嘴里、鼻孔里满是沙尘，当地人笑称‘每人每年要吃一块砖头’。”中国铁建铁一院桥隧院高级工程师、和若铁路装配式桥墩研发课题负责人方桂芬至今对当地的风沙记忆犹新。她坦言，项目的推进难度超过预期。

中国铁建负责和若铁路全线勘察设计、轨道铺设工作，以及近一半的线下工程。面对和若铁路全线风沙段落分布占线路长度 60% 的“硬骨头”，建设者们要如何啃下来?

中国铁建铁一院和若铁路总设计师杨宝荣介绍，整个项目建设过程中风沙防护是该条铁路的重中之重。

为了探明全线风沙情况，中国铁建铁一院设计团队自 2017 年 12 月起，分 4 个专项调查小组历时半年时间，对全线进行了现场风沙调查、地层勘探、水源勘探及原位测试、室内化验等工作。

经过反复研究探讨，设计团队根据沿线不同地段的沙害程度、地下水及地质情况，确定采用以桥代路、植物防护与工程防护相结合、纯工程防护等针对性防护措施，有效解决了风沙危害这一世界性铁路修建难题，也正是因为这些关键问题的突破，才使得铁路的后续建设能够顺利进行。

和若铁路

[中国铁建供图]

高质量建设的速度

2022 年 6 月 16 日，随着5818次客运列车驶出新疆和田站，和若铁路正式开通运营。这意味着，和若铁路自 2018 年底正式开工建设到正式通车仅用时三年多。高效率、高质量成为整条铁路建设的关键词。

中国铁建十四局集团有限公司承担着和若铁路 PJS2 标段 2312 片 T 梁的预制、架设和 535 公里铺轨等任务，其中铺轨里程占全线总长的 65%。如何高效完成任务？中国铁建十四局集团有限公司相关负责人介绍，2020 年 5 月，中铁十四局在全线率先铺轨，灵活采用了人工铺轨、铺轨机铺设轨排、换铺机铺轨、直铺机铺轨等多种方式，攻克了长距离运轨、大量胀轨、严寒铺轨、无人区施工等业内难题，实行两班倒的模式保证每天 2 公里的铺轨进度。

和若铁路建设过程中 PJS2 铺轨机全线首铺

［中国铁建供图］

为了让铁路早日通车，中铁十四局加大投入，连续两年组织冬季施工，通过对料仓和拌合站封闭加温、在路基上架设龙门吊的方式保障 T 梁预制质量、提高架梁施工效率，施工高峰期有 1200 名建设者放弃与家人团聚的机会，在零下 20℃的严寒里坚守岗位，确保了施工的连续性。

2022 年 3 月 12 日，和若铁路顺利通过动态验收，中铁十四局担负施工的 535 公里线路以优良率、均衡率均为 100%，全线无病害的成绩交出了一份满分答卷，这也是整条铁路建设过程中的一个典型缩影。

致富大漠的壮举

新疆地域辽阔，风景壮美，但生态环境也十分脆弱。如何在修建铁路的同时兼顾生态环境保护，同样考验着铁路建设者。

中铁二十四局承建的和若铁路 S2 标段全长 172.85 公里，路基占线路总长的 90.7%，横跨于田、策勒、洛浦三县，既穿越南疆难得一见的于田湿地、沙漠绿洲，又穿行在茫茫戈壁荒漠。

其中，于田县喀拉克尔乡、托格日尕孜乡、先拜巴扎镇等境内，分布着难得一见的大漠湿地、胡杨林，为塔里木兔、雁类等国家、自治区重点野生保护动物提供了良好的栖息生态环境。

因此，进场后，中铁二十四局和若铁路 S2 标段项目部就把保护野生动物提上重要议事日程，开展从项目部，到工区、班组的三级野生动物保护教育，普及野生动物保护知识、法律法规。

在施工建设期间，项目部也采取了一系列具体措施——减少夜间野外施工，禁止机械、车辆鸣笛，车辆必须对野生动物让行、制定野生动物保护应急处置方案……项目部订立的制度、采取的措施，比国家和地方保护野生动物的要求更细更严。

另外，和若铁路建设采取了“以桥代路”的措施，在全线建设 5 座总长 49.7 公里的“过沙桥”，让风沙从桥下穿过，大幅降低风沙对线路的侵害威胁，同时，也为野生动物留下便于迁徙的生命通道。

“建一条铁路，造一座绿洲。”按照“沙漠修铁路，治沙要先行”的建设理念，铁路施工中同步推进风沙防护工程建设，共修建草方格5000万平方米，种植梭梭、红柳、沙棘等灌木和乔木1300万株，形成防沙护路的绿色屏障；为了解决沿线防护林带灌溉问题，在沙漠铁路工程中采用自动化智能控制滴灌管网系统，共打下131口水源井，覆盖面积逾11.35万亩。

通过一系列的创新举措，中国铁路建设者们在大漠之上绘就了一幅壮丽的绿色生态画卷，也让塔克拉玛干沙漠“拥抱”了致富路。

策勒的石榴、洛浦的地毯、且末的大枣……当地特产借助和若铁路以更快的速度抵达全国各地。产品走出去、游客走进来，和若铁路不仅成了便民路，更是大漠上的一条绿色致富路。

（中国新闻网　张尼　葛成）*

*《在“死亡之海”画圈，绘就大漠绿色生态图》原载于 http://www.chinanews.com.cn/cj/2022/09-16/9853513.shtml.

五

跨越星球

“嫦娥”奔月、“祝融”探火、“羲和”逐日，中国人上演跨越星球的浪漫

“嫦娥”奔月、“祝融”探火、“羲和”逐日，中国人向着月球、火星、太阳等星球不断进发，叩问苍穹的脚步不曾停歇，远古神话梦想一个个变成现实。

“诸神传说”的成真，承载着中国人探索浩瀚宇宙的雄心与浪漫，跨越星球的背后是航天央企和无数航天人的智慧与心血。

扫码看视频

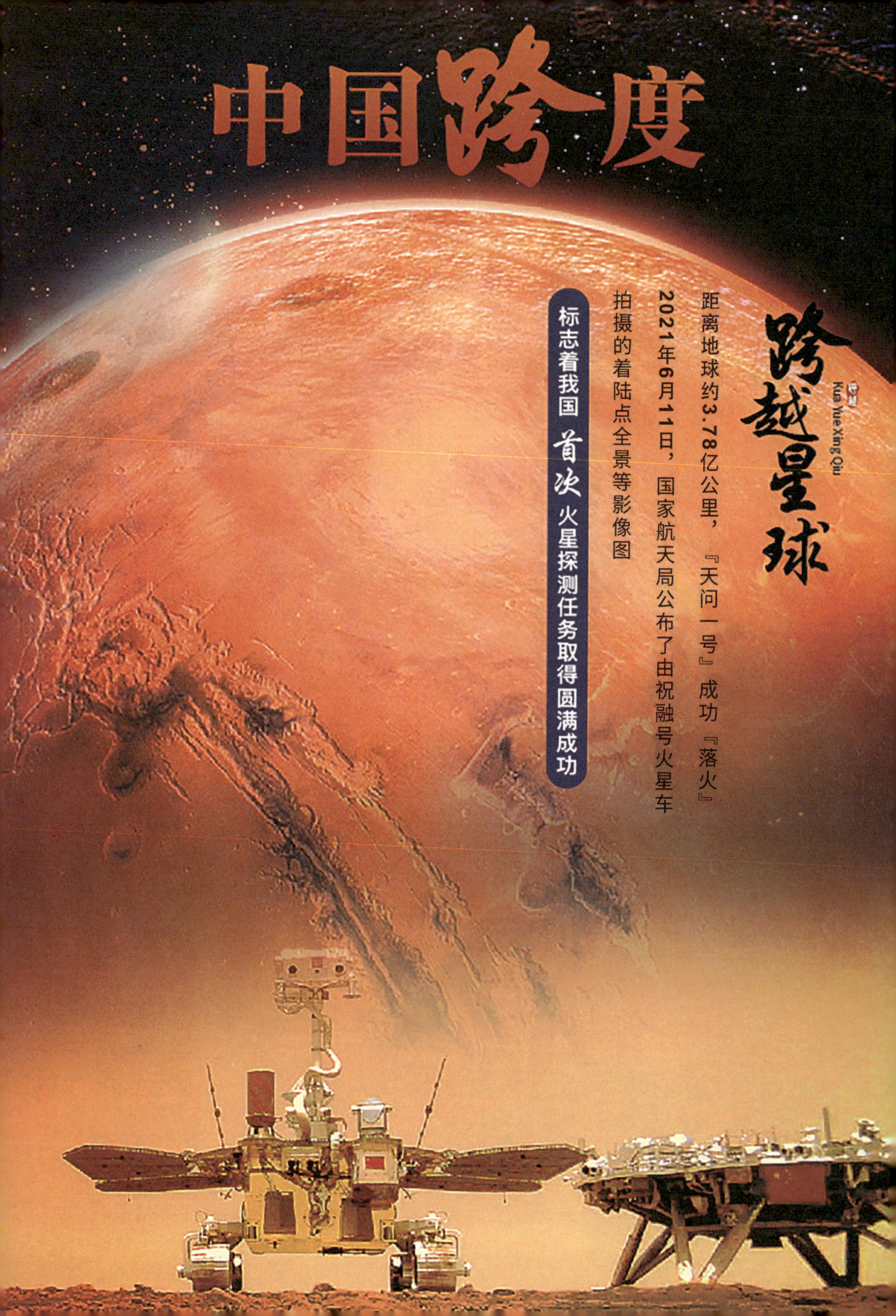
中国跨度
跨越星球
Kua Yue Xing Qiu
距离地球约3.78亿公里，『天问一号』成功『落火』
2021年6月11日，国家航天局公布了由祝融号火星车
拍摄的着陆点全景等影像图
标志着我国首次火星探测任务取得圆满成功

“嫦娥”奔月

2020 年 12 月，就在嫦娥五号顺利从月球带回约 2 公斤月壤之际，一张旧报纸爆红网络。

这份 2005 年的《科学发现报》报道了中国探月“绕、落、回”三步走战略及时间表，同一版面还列举了日本、印度、俄罗斯及美国的探月计划。但令人唏嘘的是，只有中国如期实现了自己立下的“探月 Flag”。

“只有中国当真了。”回望“嫦娥”奔月之路，这是一条稳扎稳打的跨越之旅。

2007 年，嫦娥一号顺利进入月球轨道并传回月球三维影像；2010 年，嫦娥二号实现了准时发射、准确入轨、直接地月转移、成功环月；2013 年，嫦娥三号首次实现了我国航天器在地外天体软着陆和巡视勘察；2019 年，嫦娥四号在人类历史上首次实现了航天器在月球背面软着陆和巡视勘察，首次实现了月球背面同地球的中继通信；2020 年，嫦娥五号首次实现了我国地外天体采样返回。

秉持追逐梦想、勇于探索、协同攻坚、合作共赢的探月精神，航天央企和无数航天人持之以恒、不懈努力，中国探月工程自 2004 年立项以来，“一张蓝图绘到底”，“一条龙”攻关攻坚，“一盘棋”协同推进，“一体化”迭代提升，中华民族“九天揽月”的千年梦想得以实现。

来自中国航天科技集团有限公司五院的孙泽洲，担当嫦娥三号、四号探测器系统总设计师，还是天问一号火星探测器系统总设计师，一边飞“月”，一边奔“火”，面临巨大的压力和挑战。

其中，嫦娥四号要着陆到人类历史从未去过的月球背面。月球背面无法与地面直接通信，风险巨大。孙泽洲带领研究团队夜以继日地开展技术攻关，构建了“着陆器＋巡视器＋中继卫星”的嫦娥四号探测器系统方案，突破了崎岖地

图为完成月面采样后，嫦娥五号上升器在月面点火升空示意图

［航天科技供图］

2021 年 5 月 22 日，“祝融号”火星车成功驶上火星表面，开始巡视探测

［航天科技供图］

形下精确安全软着陆、全时中继通信等关键核心技术，成功实现了月球背面软着陆和巡视勘察的壮举。

“祝融”探火

从月球到火星，意味着从 38 万公里到 4 亿公里的跨越。

2021 年 5 月 15 日，天问一号探测器着陆火星，迈出了我国星际探测征程的重要一步，实现了从地月系到行星际的跨越，在火星上首次留下中国人的印迹，使我国成为第二个成功着陆火星的国家。

天问一号火星探测器由航天科技集团五院抓总研制，由环绕器和着陆巡视器组成，着陆巡视器包括“祝融号”火星车及进入舱。

祝融在中国传统文化中被尊为最早的火神，象征着祖先用火照耀大地，带来光明。2021 年 5 月 22 日，“祝融号”火星车成功驶上火星表面，开始巡视探测。我国首次火星探测任务一次实现了“绕、着、巡”三个目标。

2021 年 6 月 11 日，国家航天局公布由“祝融号”火星车拍摄的着陆点全景、火星地形地貌、“中国印迹”和“着巡合影”等影像图

［航天科技供图］

作为天问一号火星探测器系统总设计师，孙泽洲面对媒体专访镜头时一度哽咽。

要知道天问一号此行，其实是与阿联酋的“希望号”和美国的“毅力号”同场竞技。“阿联酋‘希望号’已经环绕成功了，美国‘毅力号’已经着陆成功了，这时候天问一号在我心里已经不是一个任务完不完成这么简单，我不太好用语言来表达我压力的程度。”他说。

“火星的难度是客观存在的，我们为什么顺利？顺利就在于我们对工作的精益求精和对工作标准的卓越追求。”孙泽洲在 2021 年 6 月 21 日出席“央企楷模责任担当”中央企业党员代表中外记者见面会时说。

“羲和”逐日

“效法羲和驭天马，志在长空牧群星。”2021 年随着我国首颗太阳探测科学技术试验卫星“羲和号”成功发射，中国也迈入了“探日”时代。

“羲和号”全名“太阳 Hα 光谱探测与双超平台科学技术试验卫星”，由中国航天科技集团有限公司抓总研制，于 2021 年 10 月 14 日发射升空。“羲和号”的升空结束了我国无太阳探测专用卫星的历史。“羲和号”卫星实现了国际首次全日面 Hα 波段光谱成像观测，标志着我国正式进入“探日时代”。图为“羲和号”卫星在轨效果图

[航天科技供图]

卫星取名灵感源自中国上古神话中的太阳女神羲和，此举象征着中国对太阳探索的缘起与拓展。

人们将“羲和号”视为我国首位太阳专属“摄影师”。“羲和号”卫星由航天科技集团八院抓总研制，运行于 517 千米高度太阳同步轨道，主载荷是太阳 Hα 成像光谱仪，可以获得太阳光球层和色球层不同高度处的太阳图像，相当于对太阳大气进行 CT 扫描。

2022 年 8 月，“羲和”探日成果正式发布，创下 5 个国际首次，包括国际首次空间太阳 Hα 波段光谱扫描成像、国际首台原子鉴频太阳测速导航仪在轨验证等。

目前，中国在空间科学和探测方面已经实现了“嫦娥”探月、“祝融”探火、“羲和”逐日，对太阳系的主要天体种类进行了全覆盖。从月球到火星，再到太阳，中国人跨越星球的步伐迈得更稳更远。

太空探索永无止境。航天央企人将继续锐意创新、勇攀高峰，为航天强国、科技强国建设作出更大贡献。正如孙泽洲所说，未来还将通过小行星探测、火星取样返回、木星系环绕等航天重大工程的实施，实现技术上的新突破、科学上的新发现，为人类和平利用太空贡献更多中国智慧、中国方案、中国力量。

（中国新闻网　李金磊）*

*《嫦娥奔月、祝融探火、羲和逐日，中国人上演跨越星球的浪漫》原载于 http://www.chinanews.com.cn/cj/2022/09-17/9854508.shtm.

第二章

用匠心丈量

中国精度

科学之路，惟信念，谋未来。

他们刻苦钻研、精益求精，让大国重器站上世界之巅；他们突破创新、精雕细琢，让中国制造打上“智造”标签；他们勇于挑战、精心巧思，让大国基建不断书写奇迹。

十年来，中国稳居世界第一制造业大国的地位，一个个大国重器、精密工艺、重磅基建，铸就新时代的中国实力。从“中国制造”到“中国创造”，从“中国速度”到“中国质量”，从“中国产品”到“中国品牌”，越来越多的中国品牌享誉世界，成为闪亮的国家名片。

创新创造的背后，是一代又一代大国工匠和央企脊梁们的接续奋斗，他们用匠心丈量着“中国精度”，让中国制造上天入地、穿梭时空，淬炼出一个更高质量、更高水平的极致中国。

扫码听书

中国精度

精密之眼

纳米时栅测量精度最高±0.06角秒

毫厘之功

极小径铣刀直径0.01毫米

平移之准

客运站搬家平移精度＜2毫米

平衡之舞

转子磁轭叠装偏差＜0.02毫米

太空之吻

微波雷达百公里距离测角精度0.1度

—— 中国精度 央企智造 ——

大国重器练就“绣花功夫”

危楼高百尺，手可摘星辰。千百年来，面对浩瀚星空，有一种浪漫独属于中国。

仰望星空，脚踏实地，中国人一步一个台阶，不断探索宇宙的奥秘，天宫、嫦娥、天问……中国人的飞天梦正在一步步变为现实。在“飞天”的征途上，高精度空间交会对接技术是关键一环，而微波雷达正是为交会对接“穿针引线”的太空“红娘”。它可以让两个航天器在茫茫太空中发现对方，并通过持续输出高精度的测量数据，牵引航天器从“相遇”到“相连”，直至成功“牵手”。

中国航天科工二院 25 所微波雷达总设计师孙武喜欢把微波雷达比喻成探索空间世界的“千里眼”，正是在这双“眼睛”的精准协助下，2011 年 11 月 3 日凌晨 1 点 36 分，神舟八号和天宫一号完成了举世瞩目的浪漫“太空之吻”，中国成为世界上第三个独立掌握交会对接技术的国家。

孙武说：“10 年来，我们参与了空间站建设、探月工程、火星探测等重大航天工程，实现了 3 个首次、十战连捷。”

从一纸方案到任务成功之间，是千锤百炼，是精雕细琢，是由无数航天科研人员用创新创造、严慎细实铸就的，坚持质量“零缺陷”和“一次成功”，让承载着飞天梦想的大国重器翱翔太空。

“水善利万物而不争。”从古至今，面对万千江河，中国人的思考和实践从未停止。从大禹治水、都江堰、大运河到三峡大坝，中国不断治水用水，让水利工程造福民众。

金沙江上，白鹤亮翅，演绎一出“平衡之舞”。

2021 年 6 月 28 日，白鹤滩水电站首批机组正式投产发电，作为全球单机容量最大功率百万千瓦水轮发电机组，实现了我国高端装备制造的重大突破。白鹤滩水电站一台百万千瓦水电机组就重 8000 多吨，高 50 多米，但是在这个庞然大物的建设过程中，有很多细节，精度都是以毫米来计算的。

其中的转子磁轭是白鹤滩水电站百万千瓦水电机组的核心部件，由 16000 多张磁轭冲片叠成，高度近 4 米，直径超过 15 米，重达 1200 多吨，犹如一张超大号的“千层饼”，叠装的过程却要靠“绣花功夫”。一张张、一层层，每个环节都需要精益求精。白鹤滩机组精品标准要求的磁轭中心偏差为 0.15 毫米，东方电气制造的磁轭中心相对理论中心偏差小于 0.02 毫米，仅相当于一根头发丝直径的 1/3。

在庞然大物上施展这样的“绣花功夫”，靠的是过硬的本领，背后的支撑力来自科学家精神和“工匠精神”。转轮被誉为水轮发电机组的“心脏”，精磨则是转轮生产制造的关键一环，其精度完全依靠工人经验和“手感”，对操作者要求极高。15 位技艺超群的铲磨工匠，长期驻扎白鹤滩现场，全力打磨白鹤滩机组精品“心脏”。

东方电气有 25 年工龄的铲磨调度陈昌松说：“白鹤滩工程可能是我们这一代铲磨人赶上的最后一个重大项目，可遇不可求，一想到能为这样的大国重器‘造心’，我们的自豪感就油然而生。”

“方寸之间”淬炼中国制造

工欲善其事，必先利其器。

制造业决定了一个国家的综合实力和国际竞争力，而工具的精细度，则体现出一个国家制造业基础工艺的水平。

没有精密的测量，就没有精密的产品。精密位移测量器件作为核心功能部件，靠化缘是要不来的，必须自力更生。我国科学家另辟蹊径，基于“时空转换”的思维方式提出了以“时间测量空间”这一重要学术思想，并由此诞生了原创的时栅技术，利用时间上的时刻比较来实现位移测量，从而达到高精度的测量目的。

十年磨一剑，二十年磨一尺，炼就一双“精密之眼”。来自重庆的时栅团队从 1996 年提出“时栅角度传感器”理念起，坚持自主研发道路，从第一代机械式时栅、第二代磁场式时栅到第三代电场式时栅（即“纳米时栅”），持续攻克产品可靠性、应用场景多样化、市场认可度等多只“拦路虎”，开发出高精度、高可靠性的时栅位移传感器，在国外位移传感器的产品垄断和技术封锁下走出一条自主可控之路。

“走出实验室，实现产业化。”2021 年 4 月，通用技术集团和重庆理工大学共同成立了通用技术集团国测时栅科技有限公司，标志着纳米时栅成果正式开启转化应用、服务市场用户的新阶段。目前，纳米时栅技术已广泛应用于数控机床、芯片制造、计量检测等领域，正在逐步填补国内高端精密位移测量领域空白，成为国内高端装备企业发展道路上的坚强后盾。

人的一根头发直径约为 0.08 毫米，而一把细如毫芒的微型精密刀具的直径可以达到 0.01 毫米。这种极小径铣刀已经被我国微型精密刀具行业的领军企业制作出来，这背后靠的是创新和匠心。

中国五矿所属中钨高新金洲公司技术中心 0.01 毫米极小径铣刀开发项目负责人厉学广说，2021 年初，承担国之大器生产的一家企业，向金洲公司紧急求援 0.01~0.04 毫米微铣，当时团队还不具备这种能力，只能看在眼里，急在心头。“我们为此加快了研发节奏，先后经历数十个方案，无数次实验，相继突破刃径小易折断、结构难磨削、精度难控制等瓶颈，在 2021 年国庆前夕，终于生产出我国第一支 0.01 毫米极小径铣刀，与之前研发的 0.01 毫米极小径钻头，形成‘双剑合璧’之势。”

“毫厘之功”见匠心。这种极小径铣刀，仅为一根头发丝直径的 1/8，肉眼几乎看不到，在电子信息、汽车制造、光学仪器、生物工程、航空航天等领域大有作为。极小径单刃铣刀看似寻常，却内有乾坤，形态复杂。它需要在直径 0.01 毫米的硬质合金圆柱体上，磨削出端齿后角、侧隙角、螺旋槽等 6 个部分，结构设计和加工难度不言而喻。

一支微铣刀，释放大潜能；一根小钻头，串起大产业。如今，国产极小径铣刀和钻头以纤细之躯，游刃有余地对模具钢、不锈钢、铜、铝、树脂类软材料进行加工切削，被誉为“最精致的工业牙齿”，助推中国制造从大到强、从制造到创造的大步迈进。

细微处，见广大。从无到有、从小到大，每一步脚印，都在书写、见证着一次次伟大的跨越。无数的中国科研工作者和中国企业在方寸之间钻研、琢磨，淬炼着中国制造的含金量。

大国基建上演“乾坤挪移”

一日行千里，天堑变通途。震撼世界的基建奇迹背后，有一群相信奇迹和创造奇迹的人。

2019 年 9 月，为了给福厦高铁腾出建设地块，厦门后溪长途汽车站上演了一次“最牛搬家”。该汽车站主站房以长 162 米、宽 33.6 米、重达 3 万吨、平移距离 288.24 米，创造了全球平移面积最大、荷载最重、距离最远的单体建筑弧形旋转平移世界纪录，刷新了吉尼斯世界纪录。

本次平移旋转弧度达到 90 度，移动位置最长达到 288 米，属业界首次。项目首次采用“交替步履式顶推平移”这一建筑平移领域技术，给车站的 129 个平移受力点，安上 532 个步履走行器，使用“建筑信息化模型整合平台”，对走行器模型与结构模型在计算机中进行仿真模拟，对走行器受力情况、方向、高程和精确位移调整机制进行数字化模拟推演和计算，节约了金属材料 18.71 吨。

“平移之准”令人赞叹，这是怎样实现的？“其原理就是通过在建筑物底部安装步履走行器，使建筑避免了轨道卡滞、不均匀沉降等问题，进而不受角度限制自行调整方向，实现多角度、精准交替向前行走，就像建筑长出了‘脚’一样，让建筑沿着轨道一寸寸‘走’到新址。”中建集团的工程师陈蕃鸿说，通过精准控制每只“鞋”、自动调整旋转时的不同位置和位移量，将误差控制在 2 毫米以内，确保汽车站始终处在弹性变化的范围内，从而让它既能“跑得快”，又能“不摔跤”，最终提前 2 天完成旋转平移。这次“乾坤挪移”，在节省建设投资的同时还避免了因拆除重建而产生的大量建筑垃圾、粉尘及噪声等污染，为国家构建资源节约型社会添写了一笔生动注脚。

从移植一棵树苗，到让建筑在大地上行走，中国建造以科技创新引领行业变革发展，描绘着时代之潮、发展之潮、追梦之潮。中国建设者以最可靠的双手，浇筑中国新形象，以最沉稳的画笔，勾勒大地新面貌。

世界纪录，中国创造；中国精度，央企智造。制造业是实体经济的中流砥柱，它不仅是强国之基，更是创造奇迹的舞台。要挺起制造业的脊梁，作为“国家队”的央企重任在肩。国企改革三年行动收官在即，一批央企正在加速做强做优做大，在变局中开新局，朝着建设世界一流企业的目标迈进。

中国制造的奋斗群像，定格着新时代中国经济社会发展的昂扬姿态，推动我国从制造大国向制造强国转变。把细节做到极致，把科学家精神和工匠精神用到极致，他们用中国精度锤炼更有活力、更有创造力、更具竞争力的“中国制造”。

（人民网人民视频　孟琳达　孙丰欣）*

*《用匠心丈量“中国精度”》原载于 http://v.people.cn/n1/2022/0917/c421419-32528416.html.

一 精密之眼

二十年磨一『尺』，纳米时栅用时间测量空间

国之大器，始于毫末。

“现代热力学之父”开尔文有一条著名结论：“只有测量出来，才能制造出来。”没有精密的测量，就没有精密的产品，高水平的精密测量技术和精密仪器制造能力，是发展高端制造业的必备条件。

随着人类对世界的探索不断深入，被测对象不断延展，测量目的不断延伸，各种测量技术陆续登上历史舞台。时至今日，我们甚至可以做到以时间测量空间，这听起来也许很科幻，但绝不是天方夜谭。

来自重庆的时栅团队基于我国精密测量技术发展现状，根据“时空转换”的思维方式提出了以“时间测量空间”这一重要学术思想，并由此诞生了这把原创于中国的“精密尺子”——时栅技术，实现了我国精密位移测量技术及器件的自主可控。

从 1996 年的尝试探索，到如今成功研发出可媲美高端光栅的第三代纳米时栅，二十年的厚积薄发，浸透了科技工作者对自主创新、中国精度的坚守，凝聚着他们闯关夺隘、奋楫笃行的勇气，展示着中国人顽强拼搏、永不言败的精气神。

扫码看视频

中国精度

精密测量

Jing Mi Ce Liang

时栅技术被应用于精密位移测量领域

基于纳米时栅测量技术的高精度角位移传感器

测量精度最高可达±0.06角秒

相当于360度圆周内，任意1度的1/60000

该测量精度达到了现有检测仪器的**极限**水平

从无到有，是“冲云破雾”的勇气担当

在精密加工、工业测控（动态测量）领域，精密位移传感器是不可或缺的重要组成部分，被称为“智能制造之眼”，它的性能直接决定了加工制造环节的精度。定位精度高、可靠性好、使用方便的精密位移传感器在机床加工、检测仪表等行业中得到广泛应用。

然而，精密位移测量器件作为核心功能部件，长期被国外巨头们严格战略性封锁，进口传感器存在价格高、货期长、售后难的问题，我国精密位移测量领域面临多重困境，亟待摆脱受制于人的局面，高端位移测量器件的国产替代已到了刻不容缓的地步。

关键核心技术是要不来、买不来、讨不来的，要实现本领域的突破，必须依靠自主创新，需要变换研究思路，从原理上进行创新，从根本上解决问题。实现“从 0 到 1”的突破绝非易事，必得风雨兼程、劈波斩浪。

面对种种困难，时栅团队迎难而上，瞄准科技前沿，勇攀高峰。没有案例可模仿，他们就做拓荒人；没有经验可借鉴，他们就负重前行；没有理论可参考，他们创造性地提出了利用“时间测量空间”的重要原创学术思想，将梦想命名为“时栅位移测量技术”，突破了高端装备的精密位置检测难题，掌握了精密位移测量关键核心技术的自主知识产权。

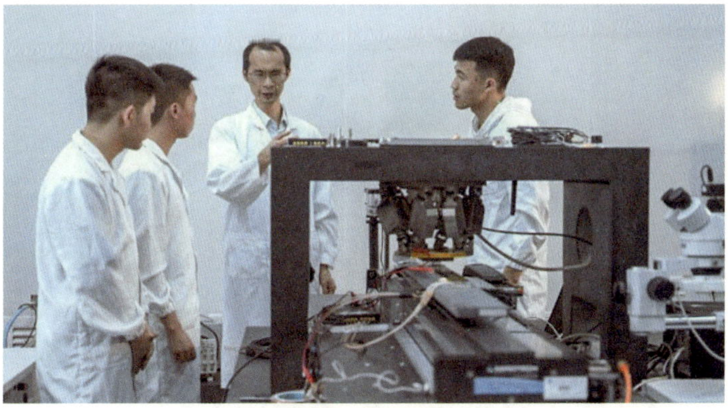

时栅团队研讨图

［通用技术集团供图］

科技工作者用责任、担当，用勤勉、实干，实现了从微米到纳米精度的跨越，开辟出了一条高端核心功能部件的国产化道路，让智能制造业“卡脖子”短板破局重生，走出了一条自主可控之路，使我国精密位移测量领域摆脱了受制于人的局面。

经过多年的沉淀和发展，时栅技术已发展成为我国智能制造领域的标志性成果，获得国家技术发明二等奖 1 项、中国专利金奖 1 项、重庆市技术发明一等奖 2 项，成功申请国外专利 12 项、国内专利 25 项。

从有到优，是精益求精的创新追求

时栅技术作为我国自主研发的首创性成果，通过建立空间位移和时间基准之间的关系，发挥时间量是人类测量精度最高的物理量这一客观优势，利用时间上的时刻比较来实现位移测量，从而达到高精度的测量目的。可通俗理解为：在相对匀速运动的两个坐标系上互相观察对方，一方的位置之差（位移）表现为另一方观察到的时间之差。

十年磨一剑，二十年磨一“尺”。

时栅团队从 1996 年提出“时栅角度传感器”理念起，坚持自主研发道路，

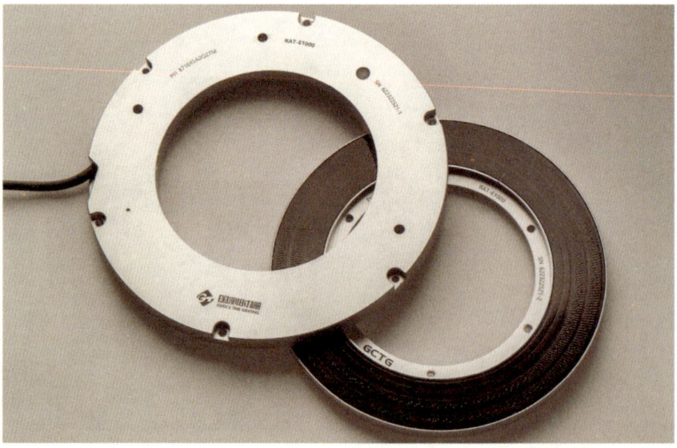

RAE170–1000 分体绝对式圆时栅角位移传感器

［通用技术集团供图］

从第一代机械式时栅、第二代磁场式时栅到第三代电场式时栅（即“纳米时栅”），持续攻克“提高测量精度与增加测量范围的矛盾”“精度提高导致的误差溯源困难”与“突破光学衍射极限改善分辨力”三座技术大山，破解产品的可靠性、应用场景的多样化、市场的认可度等多只“拦路虎”，开发出高精度、高可靠性的时栅位移传感器。

纳米时栅到底有多精密？我国最高法定计量机构中国计量科学研究院的两次现场测试结果和国家角度基准的比对结果显示，纳米时栅精度达到了惊人的 ±0.06 角秒（1 度等于 3600 角秒），精度水平已经达到了现有检测仪器水平的极限。

在漫长的时光里，时栅团队用精益求精、一丝不苟的科学家精神，只争朝夕，在承载着责任与梦想的实验室里，坚持不懈，让“精耕细作”焕发出新的时代风采。

从优到强，是全面提速的伟大跨越

一粒种子的破土而生，需要合适的温度、湿度、环境以及优质胚胎。同样，任何一项科研成果的成功转化，离不开人才、技术、资金、政策的支持和帮助。

“将纳米时栅技术走出实验室，实现产业化”——光有美好的愿景是不够的，闯过了技术关，随之面对的就是应用关和市场关。纳米时栅项目总工程师王勇说：“2021 年 4 月，通用技术集团和重庆理工大学共同成立了通用技术集团国测时栅科技有限公司，标志着纳米时栅成果正式开启转化应用、服务市场用户的新阶段。”

现实和理想的距离，正一步步靠近。纳米时栅产业化进程全面提速，当纳米时栅技术在数控机床、半导体行业、计量检测等领域得到批量应用时，当一把中国的精密尺子解决了高精度位置检测难题时，所有人的艰辛和汗水化成两个字：值了！纳米时栅正在逐步填补国内高端精密位移测量领域空白，成为国内高端装备企业发展道路上的坚强后盾。

2021 年 10 月，“大量程纳米时栅位移测量技术及器件”作为 35 项代表科技成果转化的典型案例之一，亮相国家“十三五”科技创新成就展，作为创新科技成果转化制度的第一典型案例参展，展示中国高端装备关键功能部件研发“智造”水平。

时栅位移测量技术亮相国家“十三五”科技创新成就展

［通用技术集团供图］

走过万水千山，仍需跋山涉水。

和时栅技术一样由我国自主研发的首创性成果不胜枚举。科研是一条严谨与浪漫并存的路，从无到有、从有到优、从优到强的蝶变跃升，是中国科技工作者“冲云破雾”的责任担当、精益求精的完美展现，更是他们沿着强国之路迎难而上、敢闯敢干的生动诠释，每一步脚印，都在书写、见证着一次次伟大的跨越。

中国精度，央企智造。面向世界科技前沿、面向经济主战场、面向国家重大需求，无数的中国科研工作者和中国企业在方寸之间钻研、琢磨，努力实现更多“从 0 到 1”的新突破，大步行进在中国精度的逐梦征程上。

（人民网人民视频　孟琳达　孙丰欣）*

*《二十年磨一“尺”，纳米时栅用时间测量空间》原载于 http://v.people.cn/n1/2022/0918/c421419-32528678.html.

二

毫厘之功

针尖上跳舞，锻造『最精致的工业牙齿』

方寸之间见天地，细微之处有乾坤。

在一根儿头发丝上书写单词，对一粒大米进行雕刻，听来仿佛是天方夜谭，但这早已不足为奇。

由中国五矿所属中钨高新金洲公司（以下简称“金洲公司”）研发的直径0.01毫米极小径铣刀，是世界最小直径铣刀，利用这种约为人类头发丝直径1/8的极小径铣刀，在一根头发丝上能够铣出7个字母，在一粒米上成功铣出56个汉字，其精密精妙，让人叹为观止。

这种全球直径最小的铣刀，究竟有着怎样的神奇和魔力？

扫码看视频

中国精度

精密加工

Jing Mi Jia Gong

2021年10月，我国成功研制直径0.01毫米铣刀并实现上机加工

利用这个极小径铣刀在一粒米上铣出了56个汉字

铣刀是具有一个或多个刀齿的旋转刀具

主要用于铝合金、不锈钢、模具钢等材料加工

其精细度是制造加工业的重要参考**指标**

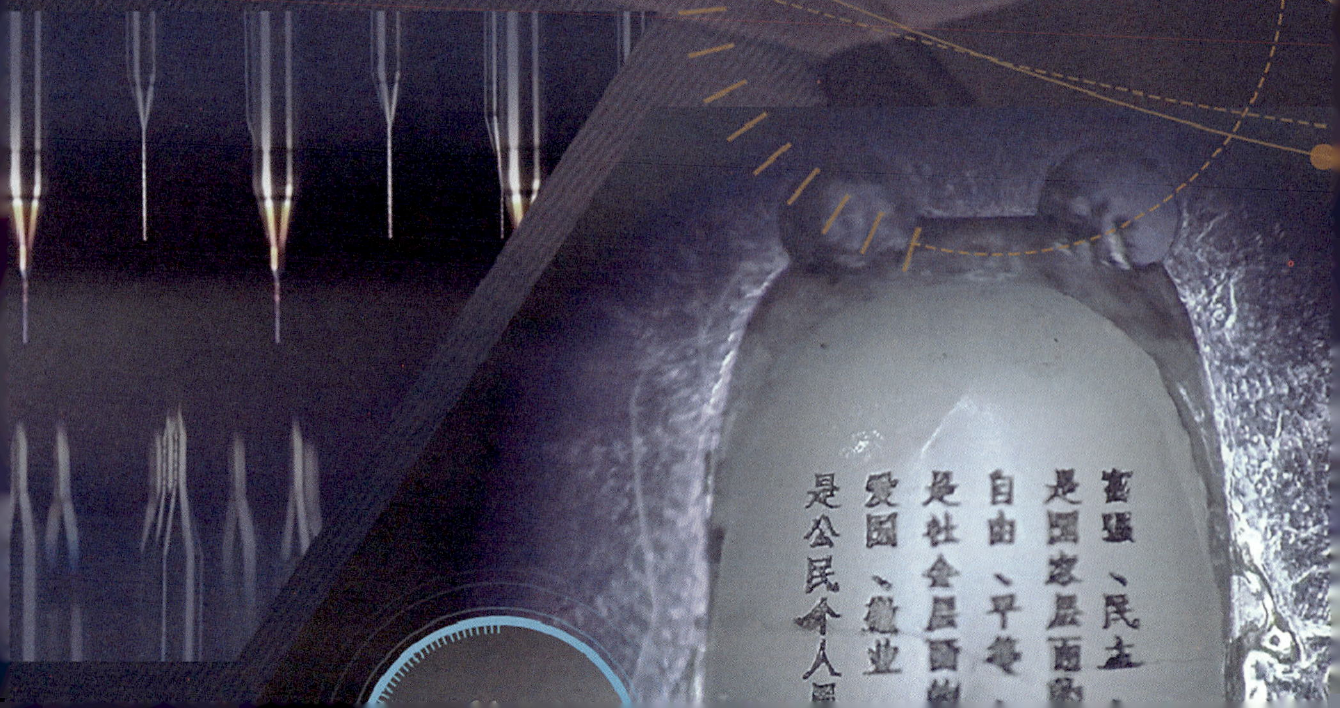

精细：一把微铣刀，释放大潜能

制造业决定了一个国家的综合实力和国际竞争力，而工具的精细度，则体现出一个国家制造业基础工艺的水平。

铣刀是具有一个或多个刀齿的旋转刀具，作为制造加工过程中所要用到的重要工具，铣刀精细度，能在一定程度上反映出国家制造加工能力的强弱，其精细度是制造加工业的重要参考指标。

一支极小径单刃铣刀看似寻常，却内有乾坤，形态复杂。它需要在直径 0.01 毫米的硬质合金圆柱体上，磨削出端齿后角、侧隙角、螺旋槽等 6 个部分，其结构设计和加工难度，不言而喻。恰如庖丁解牛，有着对每一处细节的了若指掌，历经千百次锤炼打磨，方能游刃有余。积微成著、厚积薄发，是掌握毫厘之功最有效的途径，也是金洲公司成功研制出直径 0.01 毫米的极小径铣刀的关键所在。

一把小小的微铣刀，也能够释放出巨大潜能。实现直径 0.01 毫米极小径铣刀的机上加工实验，打破了我国长期以来在该领域受制于人的局面。这项新突破能够极大地助力我国电子信息、医疗等诸多领域的提质升级，未来也将促进微型加工工具在我国更快更好地突破发展。

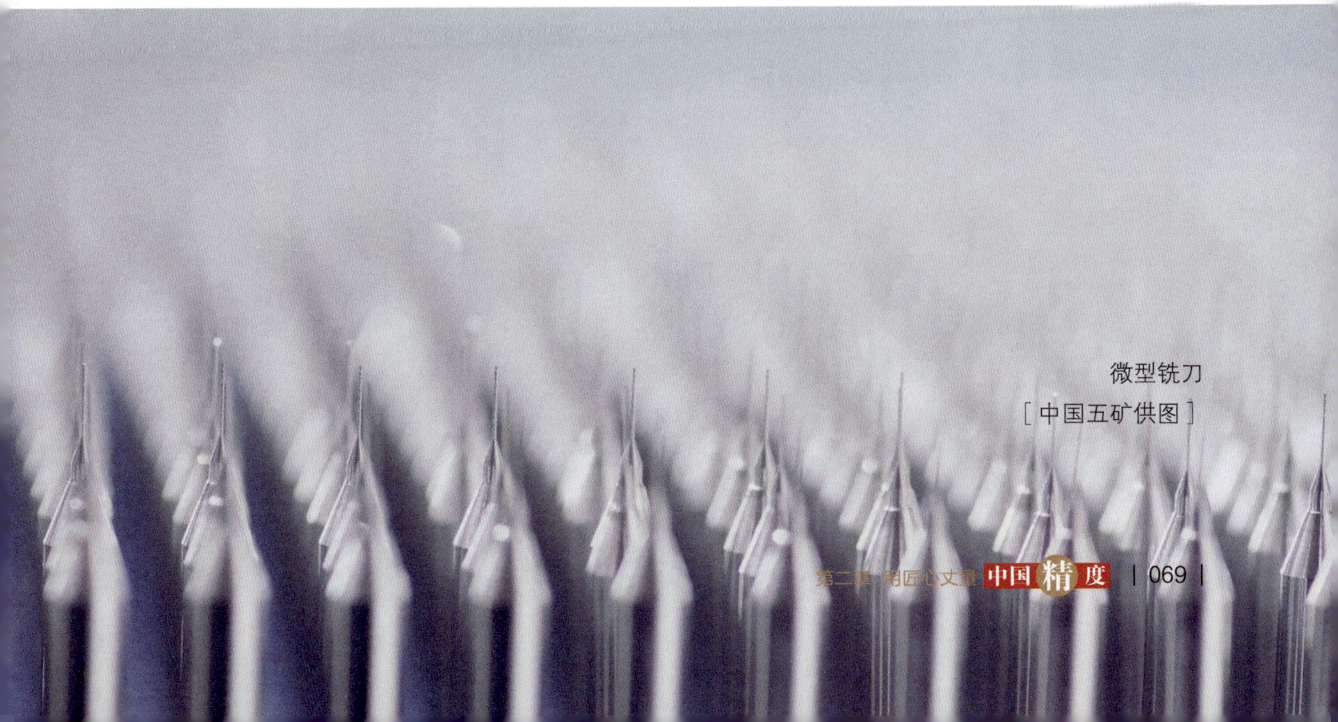

微型铣刀

[中国五矿供图]

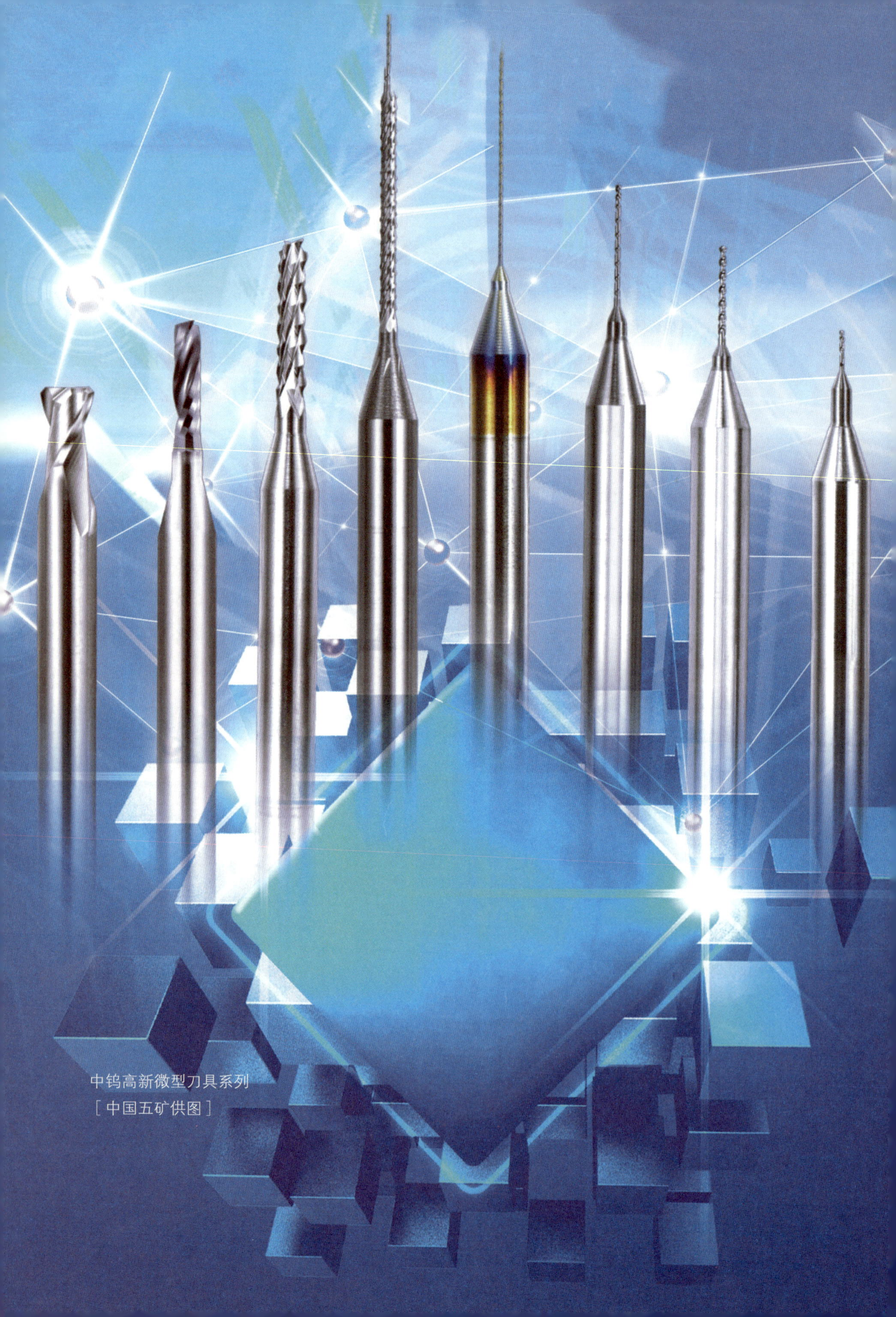
中钨高新微型刀具系列
［中国五矿供图］

精密：超细微型钻头、铣刀“双剑合璧”

从“起步”到“跟跑”，从“并跑”到“领跑”，作为我国微型精密刀具行业的领军企业，金洲公司用36年时间，实现了跨越，并以“十年磨剑”的意志，向极小径铣刀和钻头发起冲击。

长期以来，微型刀具的技术为国外企业垄断，“卡脖子”的事情时有发生。中国五矿0.01毫米极小径铣刀开发项目负责人厉学广说，2021年初，一家企业向金洲公司紧急求援0.01~0.04毫米微铣，“当时我们还不具备这种能力，只能看在眼里，急在心头。”

形势逼人，挑战逼人，使命逼人，整个项目团队加快了研发节奏。先后经历数十个方案，无数次实验，极小径铣刀的研发过程，充满挑战和惊喜。探索路上，分毫计较，“入之愈深，其进愈难，而其见愈奇”，研发人员相继突破刃径小易折断、结构难磨削、精度难控制等瓶颈。在2021年国庆节前夕，终于生产出我国第一支0.01毫米极小径铣刀，走出了一条自主创新的腾飞路，创造了微型精密刀具行业的中国精度，在这成绩的背后，承载着无数研发人员的匠心付出。

早在2009年，金洲公司已成功实现直径0.10毫米钻头的批量生产，达到世界先进水平。挑战极限，永不止步，研发人员向更小直径的微钻发起冲击，从0.10毫米到0.045毫米，再到0.02毫米，到2021年研发出0.01毫米全球最小直径超细微型钻头。其后又实现从0.10毫米铣刀到0.01毫米铣刀加工工艺的突破，形成0.01毫米超细微型钻头和0.01毫米极小径铣刀的钻铣的“双剑合璧”。

说来寥寥数语，其实过程艰苦又漫长。

让美好蓝图变为生动现实的背后，是科技工作者们严谨细致、精耕细作的工作作风和态度，也是他们那“一锤接着一锤敲”的韧劲和定力。

生产场景

[中国五矿供图]

精致：冲刺品质，让中国精度迈向世界

如今，国产极小径铣刀和钻头以纤细之躯，游刃有余地对模具钢、不锈钢、铜、铝、树脂类软材料进行加工切削，助推电子信息、光学仪器、生物工程、航空航天等行业的升级，被誉为“最精致的工业牙齿”。国产极小径铣刀的研发和量产，必将释放出巨大的科技进步和市场潜能，助推中国制造从大到强、从制造到创造的大步迈进。

一支微铣刀，释放大潜能；一根小钻头，串起大产业。现实和理想的距离，正一步步靠近。一路披荆斩棘的科研人员们，在黑暗里摸索，用自己的光照亮前方的道路，一步一个烙印，用充满智慧的大脑，用精巧灵敏的双手，用饱蘸汗水与心血的如椽大笔，谱写着一曲中国精度奋起的华彩乐章。

在日积月累的研发创新中，金洲公司奋力追赶和超越世界一流，先后研发出全球领先的多系列、多型号的微型钻头、铣刀和特殊精密刀具。2019 年，金洲公司 PCB 微钻年销量达 4.1 亿支，生产规模和市场占有率均居世界第一，跃上国际同行业领先的巅峰；2022 年，PCB 微钻铣刀产量已突破 5 亿支。

中国精度，央企智造。一个个微细的梦想，化为行业前进的美丽风景。以科技为源泉，塑造行业广阔天地，一次次的进步，最终托举着中国站上国际微型精密刀具的巅峰。

尽精微，以匠心筑品质、以品质筑未来；致广大，赋能中国制造业从大到强的壮美画卷。

当信息化、数字化、智能化席卷而来时，潜心钻研、精雕细琢，书写微型精密刀具行业的宏伟新篇章，这是无数研发人员给予时代和产业的最好答案。

（人民网人民视频　孟琳达　孙丰欣）*

*《针尖上跳舞，锻造“最精致的工业牙齿”》原载于 http://v.people.cn/n1/2022/0919/c421419-32529302.html.

三

平移之准

车站『长脚』自己搬家

创造之旅永无止境，匠心之作彰显担当。

这是中国最大的单体建筑平移工程，也是世界上第一个长距离、大半径的建筑迁移：重达 3 万吨的厦门后溪长途汽车客运站实现 90 度最大移动半径达 288 米的“短途旅行”。

从 9 点到 12 点方向，历时 38 天，移动 288 米，3 万吨的长途客运站主站房以平均每天约 7.5 米的速度完成“搬家”，由中建集团负责的后溪长途汽车客运站平移工程创造了全球平移面积最大、荷载最重、距离最远的单体建筑弧形旋转平移世界纪录。

快速、安全、顺畅。令人惊叹的是，平移过程中，布满大面积玻璃幕墙的汽车站，一片玻璃都没碎，整体结构没有受到任何破坏，这波行云流水、令人叹为观止的操作，堪称“最牛搬家”！

扫码看视频

平移之准

PING YI ZHI ZJUN

厦门后溪长途汽车客运站平移工程
以 2 毫米的滑行精准度控制平移 288 米
创造全球平移面积最大、荷载最重、距离最远
单体建筑弧形旋转纪录

3 万吨车站 90 度精准“搬家”

匠心巧思，“搬家”代替拆除重建

厦门是我国最早开放的经济特区之一，几年前，为打通福建东南“一小时经济圈”，贯穿福建沿海五市的福厦高铁被提上日程，然而在高铁规划路径上，工程师们突然发现了它——厦门后溪长途汽车客运站，正好挡住了福厦高铁南下的去路。

为了保证福厦高铁的顺利建设，厦门后溪长途汽车站要么“拆”，要么“搬”。面对这两种方案，中建一局建设团队成员们头脑风暴，最终决定为这座长途客运站搬个“家”！

中建人变废为宝、践行绿色施工的观念刻入骨髓。“搬家”比拆除、重建主站房节约工期 1 年，可有效避免因拆建产生的建筑垃圾和建材浪费，并可大幅降尘、降噪，实现生态环境友好。主站房平移后，还将继续新建地下室、发车平台、室外景观和道路等工程，建成后将全面提升厦门后溪长途汽车站的服务能力。

厦门后溪平移项目建设现场

［中国建筑供图］

大胆创新，破解建筑领域世界级难题

平移技术并非首创，从宁夏吴忠宾馆整体平移工程到上海音乐厅顶升平移工程，再到上海玉佛寺大雄宝殿平移工程，每一次建筑物搬运工程，无不彰显着我国的工程实力。一般来讲，平移是将建筑从一层与地基切割，用牵引设备将其移动到固定的新基础上，开始平移。

然而，这个“传统的”平移方式对后溪客运站来说并不现实。客运站作为全球平移面积最大、荷载最重、距离最远的单体建筑弧形旋转平移工程，在全球尚无成功的先例，这个世界级难题让建设者们面临着巨大的挑战。

一个重要的难点就是平移过程中的精度控制，这么复杂的建筑构造，一旦出现受力不均，或顶推力超出建筑承受范围，都极有可能造成建筑损毁，必须要经过严谨科学的测算选取最佳方案。建设者们大胆创新，迎难而上，最终将目光锁定在尽管没有成功先例，但理论上却有着更高成功概率的“交替步履式顶推平移”方式，中建一局平移工程项目执行经理于三力说：“交替步履式顶推平移技术与传统的牵拉顶推技术相比，更能确保平移的稳定性。”

建设者们给车站的 129 个平移受力点，安上了 532 个步履走行器，使用“建筑信息化模型整合平台”，对走行器模型与结构模型在计算机中进行仿真模拟，对走行器受力情况、方向、高程和精确位移调整机制进行数字化模拟推演和计算，仅这一项，就节约了金属材料 18.71 吨。

“其原理就是通过在建筑物底部安装步履走行器，使建筑避免了轨道卡滞、不均匀沉降等问题，进而不受角度限制自行调整方向，实现多角度、精准交替向前行走。”中建集团的工程师陈蕃鸿说。交替步履式顶推平移技术让建筑像长出了“脚”一样，沿着轨道一步步“走”到新址。

施工现场

［中国建筑供图］

一丝不苟，为每一步“行走”精准定位

科技赋能中国基建，不断改变着中国建设的面貌。平移项目利用互联网+远程移位监测系统，实时监测平移过程中，结构的变形、位移和裂缝变化，分析工程风险程度，确保项目人员可在第一时间内，收到系统发布的监测、预警信息，掌握建筑结构的安全状况，为下一阶段的施工规划提供智能保障。平移过程中可能会出现偏离轨道、倾斜失重的情况，陈蕃鸿说：“项目部在支柱下设置了托盘梁，可将平移内力均匀地传导至轨道，确保主站房平移旋转时的稳定。”

为避免发生建筑物重心偏移的情况，项目部采用限位纠偏装置，相当于火车卡轨器，通过实时纠偏，保证建筑物沿既定轨道行走，实现主站房平移时的精确就位。

工程师们预先设置了 603 个传感器，就像 603 只眼睛，注视着每一个行走器的行走信息，实时反馈。PLC 移位电脑控制技术则提供步履走行器的“中枢神经”，可自动将滑行的精准度控制在 2 毫米以内，随时精确调整主站房的“行走”方向，保证平移时建筑物各部分的一致和同步实现自如滑行，从而让它既能“跑得快”，又能“不摔跤”，最终提前 2 天完成旋转平移。

厦门后溪平移项目部施工员复核托盘梁实际标高

[中国建筑供图]

世界纪录，中国创造；中国精度，央企智造。

厦门后溪长途汽车客运站完成了自己说走就走的搬家之旅。这是世界上第一个长距离、大半径的建筑迁移，在前人未曾到达的陌生领域，面对技术难度与风险的考验，中建集团的建设者们以匠心致初心，以奋斗担使命，用最可靠的双手浇筑着中国新形象。

从愚公移山的神话故事，到如今建筑物的整体迁移，中国建造以科技创新引领行业变革发展，描绘着时代之潮、发展之潮、追梦之潮。中国建设者以最可靠的双手，浇筑中国新形象，以最沉稳的画笔，勾勒大地新面貌。未来经过这里的长途车和高铁将共同见证由中国建设者们创造的神奇时刻！

（人民网人民视频　孟琳达　孙丰欣）*

*《车站“长脚” 自己搬家》原载于 http://v.people.cn/n1/2022/0920/c421419-32530250.html.

四 平衡之舞

白鹤亮翅金沙江　精工炼就『千层饼』

金沙江，滔滔江水，奔流不息。

一江之隔，左边是天府之国，右边是彩云之南。这里是我国最大的水电清洁能源走廊，白鹤滩水电站，这座“超级工程”横空出世，震撼世界。

2021 年 6 月 28 日，白鹤滩水电站首批机组正式投产发电，金沙江上临空而起的巨闸，让奔涌的江水依照科学规划，转化成强大的电能。它是全球单机容量最大的水电站，是开发和治理长江上游的重要水电工程，是国家能源战略布局“西电东送”的骨干电源点，是长江防洪体系的重要组成部分，被称为“世界水电的珠穆朗玛峰”。

鹤舞白沙滩，万马战犹酣。在打造这座国之重器的过程中，有关“中国制造”到“中国创造”的故事，在金沙江畔、在天府之国、在中华大地上精彩上演着。

扫码看视频

中国精度

平衡之舞

PING HENG ZHI WU

世界单机容量最大白鹤滩水电机组的核心部件——转子磁轭

由16000多张磁轭冲片叠成，高度近4米，直径超过15米

每张冲片60公斤重，4毫米厚

16000多层冲片堆叠起来，每一层必须极其均匀平整

叠装后相对理论中心偏差不超过0.02毫米

0.02mm

勇攀高峰，铸就世界一流“大国重器”

高峡出平湖，白鹤滩水电站大坝于金沙江上巍然耸立，蔚为壮观。其装机容量前所未有，工程难度也前所未有，并拿下多个世界第一：

最大坝高近 290 米，比三峡大坝高出 100 米，在 300 米级拱坝中复杂程度为全球之最；

单机发电功率高达 100 万千瓦；

单机总重约 8000 吨，转动部件重达 2600 吨；

单机满负荷运行 1 小时可发电 100 万度，可供一个普通三口之家使用近 400 年。当白鹤滩水电站全部机组投产后，每年可节约标准煤约 1968 万吨，减少排放二氧化碳 5160 万吨！

令人惊叹的是在这个庞然大物的建设过程中，有很多细节，精度都是以毫米来计算的。白鹤滩水电站百万千瓦水电机组的核心部件——转子磁轭，由 16000 多张磁轭冲片叠成，高度近 4 米，直径超过 15 米，重达 1200 多吨，犹如一张超大号的“千层饼”。

白鹤滩机组精品标准要求的磁轭中心偏差为 0.15 毫米，那么在叠装过程中，便要求一张张、一层层，每个环节都需要精益求精，这无疑给了东方电气集团白鹤滩项目技术团队一个巨大的挑战。

精雕细琢，打造钢铁硬菜“千层饼”

水电站的关键在于能量转化。

当滚滚江水持续不断地通过压力钢管涌入水轮机，带动水轮机转轮高速旋转，水的势能被转换成旋转的机械能。接下来，水轮机转轮带动发电机转子高速旋转，从而将机械能转化为电能。

受钢材制造、加工效率、运输可行性和现场安装需求等多方面的限制，磁轭不能采用整体结构，必须选择具有良好机械性能和磁化性能的磁轭冲片进行交错叠装而成，然后用拉紧螺杆紧固为一个整体。

就白鹤滩百万千瓦水电机组而言，机组运行时转子每分钟转速可达到111圈。这16000多张磁轭冲片哪怕是一点细微的不均匀、不平整，都会造成整个转子

重量的不均匀，机组旋转时就会产生巨大的离心力。

“高速旋转时巨大的离心力就会造成相关零部件损坏，威胁整个发电机组的安全。但是要想让 16000 多层冲片堆叠起来依然均匀平整，那每一层都必须做得极其均匀平整。”东方电气集团白鹤滩项目现场调试总指挥赵永智说。

磁轭冲片采用了行业先进的数字化车间激光切割而成，有效确保了加工精度。每片冲片有 60 公斤重、4 毫米厚，需要建设者分 900 层手工叠装成一个高 3.6 米、直径超过 15 米的圆形，这其中需要 1500 余根拉紧螺杆、3000 多个螺母进行固定。

然而，即使每张冲片只有 0.1 毫米的偏差，叠装后也会放大 900 余倍，如果不加以控制和调整，将会严重影响机组的安全稳定运行，这考验着每一个技术人员的能力和心态。

白鹤滩水电站

[东方电气集团供图]

精益求精，“0.02 毫米”彰显工匠精神

转子是个庞然大物，磁轭叠装却是“绣花功夫”。

“磁轭叠装得精不精，是转子圆度控制的关键，如果转子圆度控制不好，机组在后续的运行中，就可能会出现低频震动这个无法根治的缺陷，这将极大地降低机组的运行品质。”白鹤滩发电机安装高级工程师谭见伟说。

在创造精品的过程中，东方电气集团白鹤滩项目团队用“匠心”守“初心”，以“过程精品”保证“结果精品”，通过精细称重、动态监测等一系列手段，让磁轭叠装过程全程受控。通过控制转子磁轭圆柱度和同心度，使磁轭和整个转子形成“同心圆”。由于叠加的层数有 900 层之多，每叠装 150 层，技术团队就要在断面上均衡选取 54 个点位进行精度测量，严格控制磁轭的半径偏差；同时

磁轭叠装

［东方电气集团供图］

进行压紧作业，以控制整体高度和圆度。

靠着朴实无私的奉献精神和对祖国无比热爱的感情，技术团队成员们迸发出了最大的创新活力。无论寒风凛冽还是酷热难耐，厂房内依然焊花飞溅、机器轰鸣，一双双粗糙的大手，却犹如穿花纳锦，不差毫厘。

宝剑锋从磨砺出，梅花香自苦寒来。组装的最终数据显示，直径 15 米的磁轭外圆，表面最高点与最低点之差没超过 0.36 毫米，远优于精品标准要求的 1 毫米，叠装形成的磁轭中心相对理论中心偏差没超过 0.02 毫米，仅相当于一根头发丝直径的 1/3，远优于精品标准要求的 0.15 毫米！

2021 年 6 月 28 日，白鹤滩水电站首批机组投产发电，全球单机容量最大功率百万千瓦水轮发电机组，实现了我国高端装备制造的重大突破。

转子吊装

［东方电气集团供图］

中国精度，央企智造。来自东方电气集团成百上千的大国工匠，在一面面鲜红的党旗下，汇聚于金沙江畔，为了建设好这顶世界水电的“桂冠”，倾其心力，苦求突破。正如东方电气集团东方电机水轮机分厂党支部负责人沈永立所说：“只要能攀上水电珠峰，头发白了算什么呢？像我这样的人，这里多得很。”

毫厘之间坚守匠心，逐梦之路勇于开拓。数千个日夜，坚守中迸发出中国精度的创新力量，白鹤滩，翻过一页历史，开启一个新的时代，中国水电，登顶世界之巅！

（人民网人民视频　孟琳达　孙丰欣）*

*《白鹤亮翅金沙江 精工炼就“千层饼”》原载于 http://v.people.cn/n1/2022/0921/c421419-32531070.html.

五

太空之吻

千里之外 穿针引线

问天、问月、问星河，宇宙有多大，中国人的梦想就有多大。

走过10年艰辛充实的创新之路，中国空间交会对接雷达技术跻身世界一流。由中国航天科工二院25所研发的微波雷达，作为空间交会对接任务中承担测量通信任务的核心产品，用扎实的脚步丈量着逐梦深空的新征程。

2016年10月19日，团队自主研发的第二代高精度测量微波雷达助力天宫二号与神舟十一号“太空牵手”；2020年12月17日，嫦娥五号从月球采样返回，微波雷达在距地球38万公里的月球轨道执行交会对接任务；2021年，微波雷达先后执行货运飞船、载人飞船与空间站天和核心舱的太空交会对接任务；2022年，围绕空间站的交会对接任务次数更多……

从“上九天揽月”到“手可摘星辰”，新时代的中国航天人在不断努力着、奋斗着、攀登着。

扫码看视频

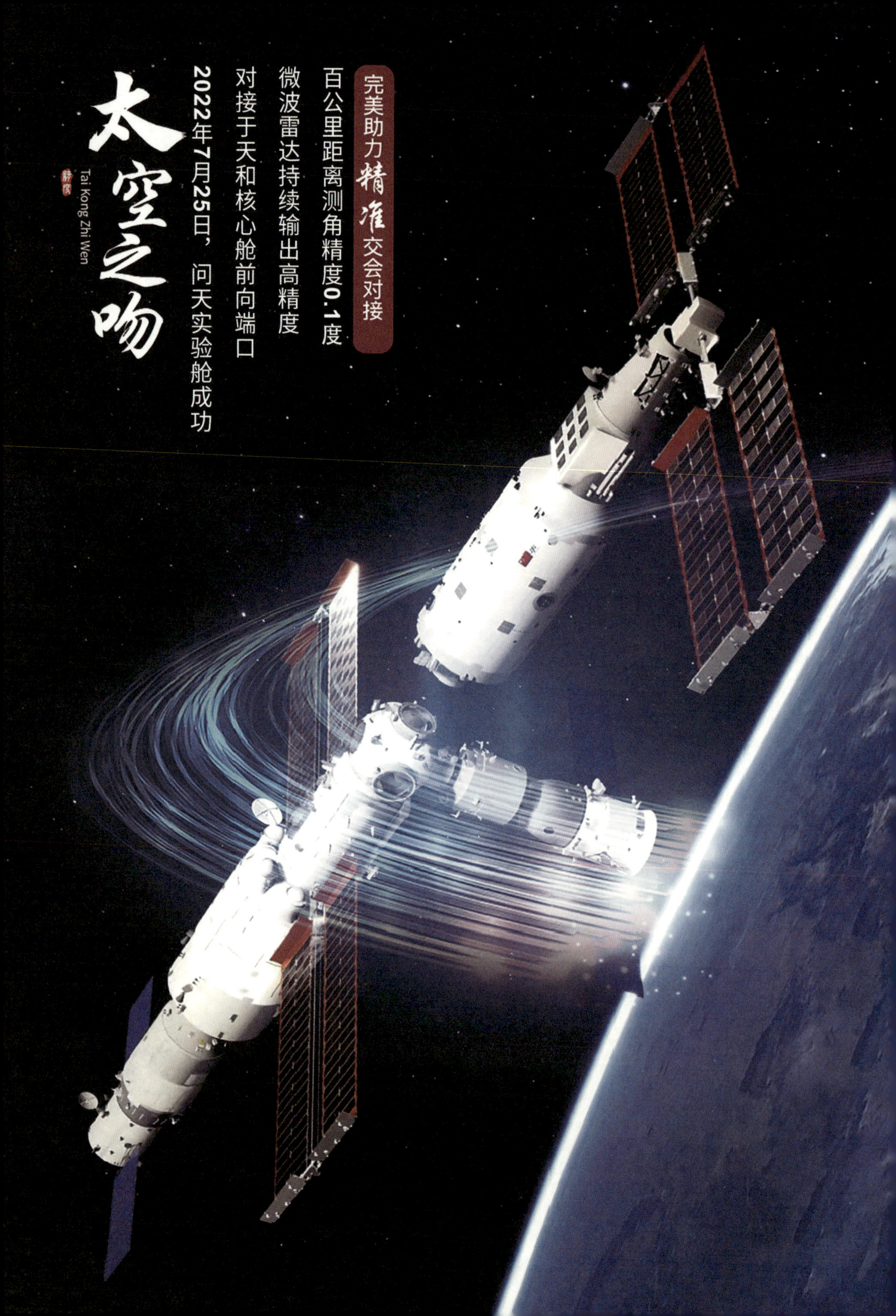
太空之吻
Tai Kong Zhi Wen
2022年7月25日，问天实验舱成功
对接于天和核心舱前向端口
微波雷达持续输出高精度
百公里距离测角精度0.1度
完美助力精准交会对接

仰望星空，做精准可靠的“引路人”

中国人的飞天梦正在一步步变为现实。在“飞天”的征途上，高精度空间交会对接技术是关键一环，而微波雷达正是为交会对接“穿针引线”的太空“红娘”。

中国航天科工二院 25 所微波雷达总设计师孙武喜欢把微波雷达比喻成探索空间世界的“千里眼”。微波雷达主要作用在中远程范围，由雷达主机和应答机两部分组成，分别安装在用于交会对接的两个航天器上。微波雷达在交会对接过程中为飞船提供精确测距、测速、测角信息及通信数据，实现远距离捕获、稳定跟踪、精准导引。

“10 年来，微波雷达参与了空间站建设、探月工程等重大航天工程，作为空间交会对接技术中的关键测量敏感器，微波雷达完美完成了空间飞行器间距离、速度、角度等相对运动参数的精确测量任务，实现了 3 个首次、连战连捷！”孙武说。

在空间站任务中，微波雷达三台带有不同编号的应答机分别安装在核心舱的前向、后向、径向对接处。安装在飞船上的雷达可根据指令识别任一应答机，并完成与核心舱不同接口的匹配，微波雷达提供精确的距离、速度、角度信息，引导飞船与不同接口精准对接。

嫦娥五号交会对接任务中，微波雷达作为月球轨道中远距离探测的唯一手段，持续为导航控制分系统提供两航天器之间的相对运动参数，并进行双向空空通信，两个航天器根据雷达提供的信号调整飞行姿态，直至轨道器上的对接机构捕获、锁定上升器。随后，上升器中的月壤样品和容器转移。

微波雷达给航天梦安上一双“慧眼”，在太空中，一次次地展现了卓越性能。

神舟飞船与空间站天和核心舱对接画面

［航天科工供图］

脚踏实地，做优化创新的“探索者”

“创新，是我们航天人代代相传的基因，进入新时代航天发展‘快车道’，我们更加奋力奔跑。”孙武的徒弟、团队负责抗多径技术攻关的设计师贺中琴说。

针对总体需求，微波雷达持续开展优化设计，相对于第一代产品，增加“定制化”通信功能，可识别不同对接口处的应答机，适应复杂对接任务；在硬件、软件上进一步开展优化设计，抗单粒子翻转能力更强，产品体积更小、重量更轻、功耗更低、可靠性更高，整体技术达到国际先进水平，小型化低功耗雷达测距测角性能达到国际领先水平……

“我们把执行空间站建设的微波雷达定义为二代产品，它延续了第一代产品的测量性能，不仅增加了测量通信一体化功能，还采用软件加固方法为产品搭建了一套自我修复系统。”孙武介绍说：“这都是为适应空间站建设任务要求。”2016年10月19日，团队自主研发的第二代高精度测量微波雷达助力天宫二号与神舟十一号“太空牵手”，这是一次空间站对接的实战演练，全新的微波雷达再一次不辱使命。

经过坚持不懈的技术研发和创新攻关，微波雷达攻克了多项关键技术，测角

问天实验舱与天和核心舱对接画面
[航天科工供图]

精度再次提高一个量级，实现了双向传输通信和抗“月尘”干扰能力，综合测量性能还达到国际领先水平。经历 23 天惊心动魄的太空之旅，嫦娥五号怀揣月球样品返回地球，微波雷达在距离地球更遥远的空间领域再一次得到成功应用。

从一代产品突破 7 项关键技术实现首先捕获、稳定跟踪、精确测量，二代产品增加测量通信一体化设计，到三代产品创新关键技术实现大角度范围高精度测量，微波雷达不断刷新减重、降耗、性能提升纪录。

从一纸方案到任务成功之间，是千锤百炼，是精雕细琢，是无数的航天科研人员用创新创造、严慎细实铸就的，坚持质量“零缺陷”和“一次成功”，让承载着飞天梦想的大国重器翱翔太空。

奋勇争先，做不畏艰难的“孤勇者”

一项项重大航天科技成果，从中国航天科工二院 25 所诞生；一代代航天科工人怀揣梦想，无怨无悔地奉献青春，在这里度过激情燃烧的岁月。

早在 2000 年，留法归来的博士孙武，带领团队启动了交会对接微波雷达原理样机研制，此时，国内相关技术领域还是“一片空白”。从零开始技术攻坚，常常是日复一日地试验、琢磨、更改、再试验……

科研人员探讨图

［航天科工供图］

夏战三伏、冬斗三九。青年们将汗水和泪水洒满了各个试验场、调试间。似火的骄阳下，他们用绳索将数十公斤重的产品拉上 20 米高的铁塔，汗水浸湿了衣衫，手上磨起了水泡；刺骨的寒风中，他们在 130 多米高的塔顶上看守基站、观测数据，双脚冻得麻木，面颊冻得通红；还有直升机挂飞试验中螺旋桨发出的巨大轰鸣，微波暗室空气中飘浮的黑色粉末……

尽管环境如此恶劣，队员们互相鼓励，互相支持，手牵手一起向成功迈进。团队调度这样写道："实验室彻夜的灯光、试验场凛冽的寒风、调试间里挥洒的汗水，一年多来，我们的连续奋战，获得的是成绩，更是新的起点。"

突破一个个关键技术后，微波雷达终于加入了载人航天事业大家庭，成功完成一个又一个航天任务。这背后，是一代代航天人接续奋斗的成果。

逐梦深空，探索的脚步更稳更远；不畏浮云遮望眼，航天人眼前是更广阔的星辰大海。随着我国空间任务逐渐常态化、快速化，微波雷达持续输出高精度能力，正以更稳健的步伐在探索太空的新征程上前进。

中国精度，央企智造。无数奋战在航天战线上的央企员工，秉持精益求精、敢拼敢赢的精神，在我国载人航天事业的发展中谱写更加华美的乐章，续写着"手可摘星辰"的太空传奇！

（人民网人民视频　孟琳达　孙丰欣）*

---

*《千里之外 穿针引线》原载于 http://v.people.cn/n1/2022/0922/c421419-32531745.html.

第三章 中国高度

谱写高质量发展新篇章

一座座电站拔地而起，一条条银线纵横穿梭，成为装点雪域高原的一个个美妙音符，仿佛在演奏着世界制高点上波澜壮阔的发展史诗，澎湃着高质量发展的新动能。

中国高度，央企建造。山高人为峰，世界屋脊见证了央企人的责任与使命，汇聚了每一个普通人的奋斗与改变。央企建设者正在发挥所长，迎难而上，勇毅攀登，在建设世界一流企业的新征程上追逐更高的梦想。

中国高度

扫码听书

坐标中国

中国高度

珠峰之网

世界最高5G基站 海拔6500米

天路之驿

世界最高火车站 海拔5068米

雪域之家

世界最高加油站 海拔5000米

高原之光

世界最高光伏电站 海拔4700米

云巅之路

世界最高民用机场 海拔4411米

—— 中国高度 央企建造 ——

挑战极限，跨越高原

青藏高原是世界上海拔最高的高原，被称为“地球第三极”，这里高山大川密布，地势险峻多变，地形复杂。古往今来，人们一直锲而不舍地找寻着联通雪域内外的通道。茶马古道的驼铃声声，带走了远去的记忆；川藏线、青藏线等公路的开通，构成了高原上的交通大动脉；“穿越世界屋脊的天路”青藏铁路，成为青藏高原高质量发展的重要基石之一；而把机场修到家门口，开通高原航线，打通“空中通道”，更是高原人民日益迫切的渴盼。

跨越新高度，最大的难点便是“高”。高原上雪峰连绵，冰川广布，风沙、冰雹、高空强风及乱流肆虐，是全世界公认飞行难度最大的空域。要在鸟儿都飞不过去的雪域高原开辟民用航线，是巨大的挑战。除了气候条件恶劣、地理环境复杂，高海拔也会让飞机性能和业载受到极大限制。但是，再大的困难也不能阻止中国民航人迎难而上的脚步。从20世纪五六十年代年勇闯雪域高原“空中禁区”到现在，中国民航人用过人的胆识、精湛的技术，续写着美丽的传说，不断创造着新的奇迹。一条条高高原航线，使“世界屋脊”与外界的时空距离大大缩短，被誉为“西藏高原上的空中金桥”。2013年9月16日，一架国航的空客A319飞机载着118名旅客，在稻城亚丁机场平稳降落，标志着这座世界海拔最高的民航机场正式投入运行。

“我们面临高密度施工、同时段作业、长距离组织、多维度协调，以及种种局限叠加下的安全防控等新难题。”承担唐古拉车站扩能改造施工的中铁十二局现场负责人朱奎介绍，与狼为伍、高强度紫外线下作业、夜间施工等安全风险时空伴随。面对极限恶劣的作业条件，央企建设者创新采用施工、运输“硬隔离法”，首创国内铁路既有线施工先例。2018年8月，青藏铁路格拉段扩能改造工程完工，青藏铁路格拉段车站总数由原来的45个增加到58个，大大提升了青藏铁路的列车通过能力，增加列车5对，运输能力提升80%，随着列车运行组织进一步优化，青藏铁路格拉段货物列车运行时间也压缩2小时左右。青藏铁路格拉段的扩能改造让青藏铁路再一次焕发新生。截至2021年底，拉萨站累计完成进出藏客货运输3096.8万人次、7118.5万吨，其中进藏客货运量1563.2万人次、6406万吨，出藏客货运量1533.6万人次、712.5万吨。

岁月不居，时节如流。精神因传承而不朽，央企建设者在巅峰之上跨越新高度，用生命的光和热铸就的“挑战极限、勇创一流”的青藏铁路精神，为后来一代代央企建设者传承发扬，在雪域高原书写时代华章。

勇担重任，征服高山

被誉为“人类生理极限的试验场”西藏自治区那曲市双湖县，平均海拔5000多米，氧含量不到平原地区的40%，全年冻土时间、8级大风天数超过200天，最低气温零下40摄氏度，这里只有两个季节——冬季和大约在冬季。双湖县坐落于青藏高原腹地，羌塘无人区的核心，这里原野莽苍，碧空浩荡，不远处就是皑皑雪山。在这里，坐落着一座世界上海拔最高、“离太阳最近”的加油站——双湖加油站，是双湖11.67万平方公里内唯一一座加油站，承载着1.4万牧民的生产生活用油。

双湖加油站的建成，缓解了县内用油困难，保障了民生发展。在此之前，距离双湖县最近的班戈县加油站有着近600公里的往返路途。2020年，双湖县开始极高海拔生态搬迁，如今县内只剩下1000多人。虽然人少，年加油量也急速下降，但这座方圆400公里内唯一的加油站，始终坚持24小时营业，全年无休。双湖加油站始终把使命扛在肩上、把牧民放在心中。自从1994年开始援建、2002年对口支援以来，中国石油与西藏双湖县已“牵手”多年，可谓情深意切。中国石油先后选派14任援藏干部奔赴双湖，已累计向当地投入4.5亿元，落地项目120余个，一座“石油城”在海拔5200米的藏北无人区拔地而起，创造了在平均海拔5000米以上的雪域高原建设美好家园的人间奇迹。为守护好青藏高原的生态，双湖自然资源局共设立15个专业管护站，每个站配备一辆皮卡车。员工次塔专门负责这15辆皮卡车的集中加油。他向记者介绍道：“每一辆车一个月下来需要220升油，我们每两个月在双湖加油站加一次，若没有双湖站，就要组织到离管护站中心区域270公里外的尼玛县加油，时间成本就增加了。”作为县域内唯一的加油站，双湖加油站还承担了远超于一座普通加油站的社会责任。中国石油先后组织医疗专家48人次组建援藏医疗队，定期赴藏开展义诊，累计义诊2500个小时，并选派13名双湖医生接受专业培训，近400名本地干部和业务骨干得到能力提升，让常见病、多发病不出县，就地诊疗。据记者了解，中国石油常年为周边33个行政村2924户牧民送油上门、为抛锚在半路的牧民车辆配送维修件，还为学生小朋友捎带习题册和生日礼物、为金榜题名学子递送录取通知书，甚至多次在生死关头接来医生为临盆牧民成功接生，从千里之外为无数牧民送去救命药……小小的加油站早已深深嵌入了每一个牧民的生活，成为他们心中的第二个“家”。

高山白雪，蔚蓝苍穹。在海拔4700米、空气含氧量不到平原地区50%左右的雪域高原上，一抹“国家电投绿”与雪域蓝天交相辉映。在海拔4700米之高的拉萨市当雄县羊达乡，国家电投当雄10MW牧光互补并网光伏电站坐落于此，它是世界海拔最高的并网光伏电站。羊易光伏电站总装机规模10MW，电站日均发电量4.58万千瓦时，年均可实现发电量2000万千瓦时，可满足拉萨市约4万户农牧民用电需求，不仅极大改善了西藏电力不足、电压不稳的局面，每年还可节约标准煤6000吨，减少排放温室效应气体二氧化碳约2万吨。

“这是世界海拔最高的光伏电站，说什么也得把它建设好。这是我们的责任！”国家电投西藏分公司羊易电站项目负责人张普风有感而发。在素有“生命禁区”之称的雪域高原上修筑光伏电站，要克服严寒低温、空气缺氧、日照辐射、风沙肆虐等诸多难以想象的困难，而勇于挑战、团结奋进的央企人在恶劣环境前从未选择过低头退缩。

生命有禁区，使命无绝地。在项目建设过程中，央企建设者克服种种令人难以想象的困难，最终使羊易光伏电站于2019年12月26日通过并网验收，12月30日，成功实现并网发电。羊易光伏电站成为国家电投集团海拔最高的并网光伏电站，也成功刷新了世界海拔最高并网光伏电站的纪录，创造了超高海拔光伏建设的历史性成就。

那么，到底是什么不可抗拒的力量，让他们历尽艰险也要点亮这片雪域高原呢？是西藏之美。西藏之美，美在绿色发展的底色。西藏拥有充足的太阳能光照资源，羊易电站所处当雄县位于藏南与藏北的交界地带，念青唐古拉山脉的西北横穿全境，这里日照充足，日光辐射强，年日照时数 2881 小时。在倡导绿色发展的今天，这片广袤的“无人区”和辽阔的旷野，自然成为发展光伏产业的最大优势。新时代，西藏经济社会发展站在新的历史高度上，央企建设者务实有力地贯彻落实新时代党的治藏方略，为西藏更好地融入新发展格局加油，为加快推进幸福美丽西藏建设助力，让西藏这座“金山银山”成色更足、底色更亮。

超越梦想，勇攀高峰

2020 年 5 月 27 日，登山队员在珠穆朗玛峰（以下简称“珠峰”）峰顶通过中国移动 5G 网络拨通了电话，与珠峰大本营实现实时连线，登山队成功登顶、测量队开展珠峰高程测量的高清视频画面，也通过中国移动 5G 网络实现与全世界的实时共享。

为实现这一壮举，2020 年 4 月，5G 上珠峰项目正式启动，中国移动网络建设者向巍峨的珠峰进军，通过在海拔 5300 米的珠峰大本营附近、5800 米过渡营地、6500 米前进营地新建 5 个 5G 基站和 3 个 4G 基站，实现 4G/5G 信号对珠峰北坡登山线路及峰顶的覆盖，为珠峰高程测量全程提供 4G/5G 通信服务，同时也为媒体视频和图像回传提供 5G 信号保障，用智慧和汗水将 5G 信号送上世界之巅。

珠峰是喜马拉雅山脉中的主峰，位于我国与尼泊尔边界上，拥有独特的自然景观，包括河流、湖泊、冰川、冰缘、风沙等多种地貌类型及其复杂的现代地表形态，还有众多地史学遗迹，有吉隆县聂汝雄拉上新世的三趾马化石群、希夏邦玛峰的高山烁化石群等，具有重要的科学价值和美学价值。早在 19 世纪初叶，珠峰就成为世界登山家和科学家所向往的地方，每年都会有来自全球各地的人来挑战珠峰。但是，攀登珠峰是有一定危险的，攀登者们很有可能会因为没有信号而错过求生机会，在这个极度缺氧和危险的环境下，能早一秒救援就等于多一丝希望。

珠峰北坡前进营地，海拔6500米的前进营地紧邻壮美的绒布冰川，是登山者攀登珠峰到达冰雪路面之前最后一个营地，也是运送物资的牦牛能够到达的最后营地，还是5G上珠峰项目最重要的一个基站建设营地，建成后将成为世界上海拔最高5G基站。毋庸置疑，在海拔6500米的前进营地建设5G基站并非易事。前进营地又称“魔鬼营地”，稀薄的氧气、冻土层和8级以上大风，给基站架设带来极大困难，在冻土层挖1个0.5米深的槽沟放置铁塔支架实属不易，2米以下的冰层也给工程施工带来不小的麻烦，原本小半天就能完成的工作，在这里用了整整一天。

前进营地距离珠峰北坡登山起点珠峰大本营有15公里，全部是蜿蜒崎岖的登山路，普通人需耗费2天以上的时间才能走完这段路程，近8吨的建设物资，转由46头牦牛组成运输队浩浩荡荡往上驮。传输光缆的铺设全部要靠人工徒步完成，在这个走路都要喘大气，天气又极其恶劣的地方，40人组成的铺设组，肩扛传输光缆徒步前行，他们相互搀扶、步履蹒跚、气喘吁吁扛着光缆前行，走几步就要歇一歇，不是累，是缺氧。满天的繁星见证着他们的艰苦旅程，山谷里的风雪为他们的劳累点赞。花了近5天的时间，才将长达15公里、重达5.8吨的特种传输光缆铺设完成。

“没有一座高山不可逾越，建设者们的征程永远是下一座高峰。”中国移动“5G上珠峰”项目现场总负责人李崇明向记者坦言。5G上珠峰，再续新传奇。登山队成功登顶的高清视频画面能够第一时间与全球共享，得益于我国通信技术的跨越式发展。作为最早对珠峰实施通信网络覆盖的运营商，中国移动早在2003年5月22日“彩信上珠峰”活动中，就已为中国登山队在海拔8848米珠峰峰顶打电话和发短信提供网络技术支持。2G、3G、4G、5G时代，中国移动网络信号一直傲立珠峰，先后为我国“奥运圣火上珠峰”等重大活动和前来观光探险的中外游客、登山者和科考者提供坚实的通信保障，成为我国向世界展示通信技术实力的一张亮丽“名片”。从1G空白、2G跟随、3G突破、4G同步，再到5G领先，中国的通信技术始终向新的高度攀登。当前，我国5G不仅能“上珠峰”，还能“下煤矿”“进海港”，这些高寒、高湿、高盐的极端环境也对网络设备性能提出了极高要求。在恶劣环境下建设网络的宝贵经验，也推动了中国通信技术的不断创新突破，刷新新的高度。5G 正在赋能千行百业。相关部门最新统计显示，截至 2022 年 6 月底，我国 5G 个人应用在用户规模、新型终端、新型应用等方面取得积极进展，覆盖超高清视频、体育赛事、居住服务、购物等多个重点领域，虚拟数字人、5G 消息、5G 新通话、AR（增强现实）、VR（虚拟现实）等个人应用迅速发展，给消费者带来全新体验。5G 融合应用已在工业、医疗、教育、交通等多个行业领域发挥赋能效应，覆盖国民经济 40 个大类。面向未来，中国移动发布了业界最早的 6G 愿景与需求、技术展望等白皮书，以及全球首个 6G 网络系统化架构设计，在可见光通信、智能超表面等关键技术领域取得阶段性突破。未来的 6G 将以“数字孪生、智慧泛在”的新高度，实现“6G 重塑世界”。

“会当凌绝顶，一览众山小。”站在珠峰之巅，央企建设者们披荆斩棘，逢山开路。须臾之间，高山仰止，天堑通途。站在时代之巅，中央企业克服重重困难，用一个个骄人的成绩定义高质量发展新高度，诠释新征程上的新梦想。站在峰巅，仰望苍穹，遐想万千过后不禁会追问：我们为什么要追求中国高度？当然不是要盲目地创造那些表面上光鲜亮丽的纪录，而是通过基础设施的建设，更好地促进区域协调发展、乡村振兴、共同富裕。更重要的是，中央企业通过在世界海拔最高的“生命禁区”挑战不可能完成的任务，应用新的技术、新的标准、新的管理模式，促进了技术进步、业务练兵，刷新了技术演进的新高度，促进了企业高质量发展。

（《国资报告》杂志社　谭峰）*

*《中国高度，谱写高质量发展新篇章》原载于 https://mp.weixin.qq.com/s?__biz=MjM5MDIxNjczNA==&mid=2652827498&idx=1&sn=0202aa7bde2d20de01382d52950c4a76&chksm=bda2681b8ad5e10d328b8f2eea00c56bfdfada553f88fdf22838d8746da69fdc9aafae5016a9&token=1919244436&lang=zh_CN#rd.

一 珠峰之网

喜马拉雅山脉中的主峰拥有独特的自然景观，是世界登山家和科学家所向往的地方。这里，就是世界最高峰——珠穆朗玛峰。

从珠峰放眼望去，连绵起伏的雪山中，耸立着 5G 基站。2020 年 5 月 27 日，登山队员通过中国移动 5G 网络与珠峰大本营进行实时连线，登山队员成功登顶的高清视频画面也与全世界实时共享。

2020 年 4 月，中国移动网络建设者向巍峨的珠峰进军，在海拔 5300 米、5800 米、6500 米营地新建 5 个 5G 基站和 3 个 4G 基站，实现 4G/5G 信号对珠峰北坡登山线路及峰顶的覆盖，为珠峰高程测量提供全程 4G/5G 通信服务，同时也为媒体视频和图像回传提供 5G 信号保障，用智慧和汗水将 5G 信号送上世界之巅。

扫码看视频

珠峰之网

高度

Zhu Feng Zhi Wang

2020年4月30日，中国移动在珠穆朗玛峰海拔6500米前进营地的5G基站投入使用，加上此前已在海拔5300米、5800米建成的基站，实现5G信号对珠峰北坡登山线路及峰顶的覆盖

是目前全球海拔最高的5G基站

设备运输有多难？

从海拔 5200 米的珠峰大本营出发，5 天时间，近 8 吨的建设物资，40 名铺设组成员肩扛传输光缆以及由 46 头牦牛组成的运输队在蜿蜒的冰川山路上，步履蹒跚，最终完成特种传输光缆铺设。设备运输只是一个方面，面对这座世界最高峰，无线网络方案如何设计，电力、传输、核心网、终端等通信系统都需要做周密考虑。在冰川密布的环境下，建设者克服低温、缺氧等恶劣的自然条件，解决了物资运输、光缆铺设、抱杆架设和基站供电等种种难题。

2020 年 4 月，中国移动在西藏珠峰 6500 米前进营地，开通全球海拔最高的 5G 基站，确保珠峰峰顶 5G 信号覆盖。2020 珠峰高程测量登山队登顶测量的高清视频画面通过 5G 网络与全世界实时共享

［中国移动供图］

雪域高原上的 5G 基站

［中国移动供图］

为何要如此大费周章地在珠峰建基站?

条件如此艰难，为何要如此大费周章地在珠峰建基站？是为了盈利吗？当然不是！在珠峰架设 5G 基站不仅打通了“生命信号”，更是刷新了全球通信技术的新高度。每年都会有来自全球各地的人们来挑战珠峰，攀登珠峰是有一定危险的，攀登者们很有可能会因为没有信号而错过求生机会，在这个极度缺氧和危险的环境下能早一秒救援就等于多一丝希望。

面向未来的 6G 探索

中国移动网络信号自 2G 时代至今，先后为我国“奥运圣火上珠峰”等重大活动提供坚实的通信保障。面向未来，中国移动已开展 6G 研究并在多项关键技术领域取得阶段性突破，未来的 6G，将以“数智孪生、智慧泛在”的新高度推动时代的进步。

（国资小新）

二 天路之驿

唐古拉，藏语“高山上的山”，牧民们笑谈唐古拉，伸手把天抓，这里终年风雪交加，号称“风雪仓库”，“山”字形站房造型的唐古拉站，静静伫立在青藏高原，白雪皑皑的唐古拉山脚下，像是在雪域高原镶嵌了一顶皇冠。作为青藏铁路的既有会让站和重要旅游观光车站，唐古拉站的通过能力直接影响青藏铁路的客货运能。2016 年青藏铁路格拉段扩能改造工程启动，建设者们再次踏上这片雪域高原，通过车站的扩能改造让青藏铁路焕发新生。

扫码看视频

天路之驿

Tian Lu Zhi Yi

唐古拉车站位于中国青海省格尔木市境内，海拔5068米，车站原本到发线长度为650米，经过扩能改造后延长至900米，进一步提升进藏货运能力。

是世界海拔最高的铁路车站

为什么对唐古拉站进行扩能改造？

青藏铁路的开通运营发挥了强大的辐射带动作用，2006—2016 年西藏自治区运送游客增长 10 倍，旅游收入增长 14 倍，招商引资到位投资增长 37 倍，GDP 增长了 3 倍，成为全国经济增速最快的省份之一。随着青海、西藏两省区经济社会的快速发展，青藏铁路格拉段原有运输能力已然接近饱和，为满足西藏地区经济社会发展的迫切需要，2016 年青藏铁路格拉段扩能改造工程正式开工建设。

唐古拉站

［中国铁建供图］

“生命禁区”里车站扩能改造有多难？

在海拔 5000 多米的雪域高原进行车站扩能改造并非易事，高寒缺氧、多年冻土、生态脆弱，建设者除了面对修建高原铁路三大世界难题外还要解决高密度施工、同时段作业长距离组织、多维度协调以及种种局限叠加下的安全防控难题。

整个青藏线的扩能改造运能的提升通过两种方法来实现，第一种是在区间比较长的线路上面增设车站，通过会让能力的增加来提升运能。第二种则是对唐古拉站进行扩能改造，这种原先轨道长度只有 650 米，通过改造之后把它提升至 900 米，停靠列车的长度增加了，运能也就上来了。

为确保施工的安全连续作业，建设者在技术措施上实行“硬隔离”，实现路基土石方、桥涵以及房建的连续施工，轨道工程、四电工程则通过天窗时间点施工，保证整个施工的安全和人员的安全。面对恶劣天气环境下的夜间施工，建设者只能进行资源要素的补强超配，保证施工的连续性。

切割钢轨

［中国铁建供图］

在雪域高原掀开崭新篇章

2018 年 8 月青藏铁路格拉段扩能改造工程完工，车站总数由原来的 45 个增加到 58 个，增加列车 5 对，运输能力提升 80%，青藏铁路格拉段货物列车运行时间压缩至 2 小时左右，大幅提升了青藏铁路的列车通过能力。精神因传承而不朽，央企建设者在青藏铁路修建时期，用生命的光和热铸就“挑战极限 勇创一流”的青藏铁路精神，经一代代铁路建设者传承发扬，正在雪域高原掀开一页页崭新篇章，完成一次次伟大跨越。

（国资小新）

三 雪域之家

神秘的藏北绝境，苍茫的世界屋脊……这里是中国海拔最高的县城，海拔超过 5000 米，含氧量低到不足平原的 40%，这里就是生命禁区——西藏双湖县。

作为中国石油的援藏项目之一，双湖加油站不仅承担着为“生命禁区”加油的重任，还成为当地的生活驿站、邮站和救助站。加油站员工们率先破土挖井，热心捎带物资，普惠一方群众，做雪域高原的守望者，为民生幸福加油。

扫码看视频

雪域之家

Xue Yu Zhi Jia

中国石油双湖加油站坐落于西藏北部的那曲双湖县，平均海拔 5000 米

是世界海拔**最高**的加油站

雪域高原的“守望者”

双湖县坐落于青藏高原腹地羌塘无人区的核心，这里原野莽苍，碧空浩荡，中国石油双湖加油站是世界海拔最高的加油站，在此之前，距离此地最近的加油站也有着近 600 公里的往返路途。双湖加油站的建成缓解了县内用油困难，保障了民生发展。2020 年，双湖县开始极高海拔生态搬迁，如今县内只剩下 1000 多人。人少，年加油量也急速下降，但双湖加油站始终坚持 24 小时营业，全年无休。

民生幸福的“加油站”

在西藏，车辆半途遭遇断油是寻常事，有时正赶上运送病人前往医院，加油站便成了生命救援的“中转站”。作为县域内唯一的加油站，双湖加油站还承担了远超于一座普通加油站的社会责任。对牧民们来说，“油站”也是“水站”，“油车”也是“邮车”，帮助用水不便的牧民打水井、给抛锚的车辆配送维修件、为学生捎带习题册、为金榜题名的学子递送录取通知书……小小的加油站早已深深嵌入了每一个牧民的生活，成为他们心中的第二个“家”。

双湖加油站员工为过往车辆加油

[中国石油供图]

双湖加油站第 6 任站经理次旦巴宗（左）

［中国石油供图］

“只要有需要，我们就一直在这里”

在高海拔地区运输石油面临着极大的挑战，从拉萨铁路接卸库到双湖，单程距离 755 公里，运输时间为 12~14 小时，若遇到复杂的路况、恶劣的天气，会进一步增加时间成本，有时要一星期才能够到达，但为了保障牧民用油，中国石油一直坚守这片“生命禁区”。为了守住牧民的第二个“家”，加油站的 4 名员工不断挑战自身生理、心理极限，相伴相守“生命禁区”，见证双湖这颗“羌塘明珠”的时代变迁。

29 岁的次旦巴宗，2016 年进入双湖加油站工作，2021 年正式成为第 6 任站经理。虽然许多牧民陆续搬离了双湖，但是在这里工作了 6 年的次旦巴宗一家决定留守双湖站。艰苦的生存环境与简陋的物质条件始终不能磨灭他们为民生幸福“加油”的热情。也许总有一天，所有人都要去到更适合发展的环境，但“只要牧民有需要，我们就会一直在这里”。

（国资小新）

四

高原之光

高山白雪，蔚蓝苍穹，在海拔 4700 米的拉萨市当雄县羊易村，一抹“国家电投绿”与雪域蓝天交相辉映。

当雄县羊易村位于藏南与藏北的交界地带，这里日照充足，日光辐射强，年日照时数 2881 小时，具有发展光伏产业的天然优势，为保障地方电力供应和推动当地经济发展，国家电投的建设者们用辛勤与汗水在这里建造了世界海拔最高的光伏电站——羊易电站，铸就了中国光伏新高度。

扫码看视频

高原之光
Gao Yuan Zhi Guang
国家电投羊易电站
位于海拔 4700 米的世界屋脊——西藏雪域高原
是世界海拔最高的光伏电站

绿色梦想创造的奇迹

4700 米，是一座山的高度，对普通人来说可能极少有机会到达这样的高度，高寒、缺氧，气温低、风沙大，让人望而生畏……

2019 年，羊易电站项目开工后，建设者之前设想的各种困难一一显现……恶劣的环境使施工效率要比内地至少低两成，工人因身体原因退场率达 15%，设备厂家因身体不适中途换人率则高达 60% 以上……

雪后羊易光伏电站（海拔 4700 米）

［国家电投供图］

这是世界海拔最高的光伏电站，在这里将光伏产业做好关系着当地的民生和经济发展，“这是我们的责任说什么也得把它建设好”这是项目员工坚持的信念……

经过 90 多天的艰苦奋战，2019 年 12 月 30 日 10 时 18 分，羊易电站成功并网，刷新了世界海拔最高光伏电站的纪录。

2022 年 5 月，羊易电站实行场站无人值守模式，首次实现了超高海拔场站无人值守，集约化、专业化、数字化又赋予了这座电站全新的意义。

2019 年 11 月，羊易电站项目人员旁站监督铁塔组立

[国家电投供图]

农牧民的生活好“光”景

羊易电站建设期累计在当地用工 6000 人次，为当地农牧民带来了就业岗位，同时征地补贴人均额外支付达万余元，多方面为当地农牧民带来实惠。

“这座光伏电站是真的好！这 4 万块钱对我们家已经是笔不小的收入了，建设过程中我还学会了专业技能。”羊易村村民扎西说道。

如今，在羊易村像扎西一样依靠地方电站建设，过上好日子的群众越来越多……

绿色电力助力绿色发展

羊易电站装机总容量 10 兆瓦，日均可发电 5.5 万度，年可发电 2000 万度，可满足约 4 万户农牧民用电需求，改善了当地电网供电不足、电压不稳的局面，实现年省标准煤约 6000 吨、减排 CO_2 约 2 万吨。

在阳光下，一排排光伏板呈矩阵排列，像向日葵一样追随着太阳，正在让这片大地焕发着新的生机，国家电投的绿色电力发展智慧和方案助力拉升西藏地区绿色发展的新高度，让西藏这座“金山银山”底色更亮，成色更足！

（国资小新）

五

云巅之路

在国航高高原航线中，稻城亚丁机场是最具挑战的一个。这座位于四川省甘孜藏族自治州稻城县北部青藏高原东南部的机场海拔 4411 米，是世界上海拔最高的民用机场。2013 年 9 月 16 日，一架国航空客 A319 飞机载着 118 名旅客平稳降落在稻城亚丁机场，标志着这座世界上海拔最高的民用机场正式投入运行。

扫码看视频

云巅之路

YunDianZhiLu

稻城亚丁机场海拔4411米，开航至今共保障航班近2万架次

旅客吞吐量近170万人次，货运吞吐近1400吨

大大促进了地区经济的繁荣

是世界海拔最高的民用机场

挑战世界最难飞行空域

青藏高原上雪峰连绵、冰川广布，风沙、冰雹、高空强风及乱流肆虐，是全世界公认飞行难度最大的空域。要在鸟儿都飞不过去的雪域高原开辟民用航线是巨大的挑战，除了气候条件恶劣、地理环境复杂、高海拔也会让飞机性能和业载受到限制。随着海拔升高，气压下降，飞机发动机的性能也会下降，飞机在高高原的起降速度，要比平原机场高了 20% 到 30%，而稻城亚丁机场比平原机场速度大 40 海里，这大大增加了起降风险和操作难度。

早在稻城亚丁机场开航之前，国航机组就历经了几十次模拟机验证飞行，分析了上万张气象图纸，编写十几万字的操作规程，同时使用精密的 RNP 程序确保高高原的运行安全高效。此外，国航机组强化带队机长的选拔，稻城亚丁航线的带队机长必须拥有至少 7000 小时以上的 A319 机型飞行经历，并担任机长 10 年以上。目前，国航已组建了全球最大的高高原机队，培养了一支强有力的高高原飞行和保障队伍。截至 2022 年，国航创造了高高原航线安全运行 57 年的安全纪录。

海拔 4411 米的稻城亚丁机场，是世界海拔最高的民用机场

［中航集团供图］

为稻城亚丁插上腾飞翅膀

稻城亚丁被人们称为“水蓝色星球上最后一方净土”，稻城亚丁机场从2013年开航至今保障航班近2万架次，旅客吞吐量近170万人次，货运吞吐近1400吨，来自高原的物产通过一条条高原航线去往世界各地，从此，“香格里拉”不再遥远。随着稻城亚丁机场的建成，来稻城旅游的人数也越来越多了，带动了稻城的旅游业的发展和经济的发展，也改变了当地人的生活方式。半个世纪以来，中国一次次打破“空中禁区”林芝米林机场，昌都邦达机场等高原机场相继建成，“世界屋脊”与外界的时空距离大大缩短，为“世界屋脊”插上了强劲的翅膀。

国航飞机飞翔在雪域高原

［中航集团供图］

（国资小新）

第四章

九天揽月 五洋捉鳖

自主创新解锁

中国深度

宇宙浩渺无垠，探索永无止境。

这是一群“追梦人”，他们心怀梦想、仰望星空，在太空、地心的未知空间里上下求索，为中国科技创新擘画光明未来。

这是一群“寻宝人”，他们走南闯北、风餐露宿，在海洋、荒原的广袤世界里探寻宝藏，为祖国能源事业贡献硬核力量。

这是一群“开拓者”，他们从零到一、奋力赶超，用代码、数据的深蓝力量凝聚底气，为国家信息安全构筑坚实底座。

无数的他们握指成拳，用智慧、创新、担当、奋斗，不断标注新的世界纪录，不断解锁新的“中国深度”，不断积蓄新的腾飞动能，以科技创新夯实国家强盛之基。

扫码听书

坐标@中国

中国深度

挺进深海

超深水大气田“深海一号” 水下1500米

迈进深地

中国锦屏地下实验室 地下2400米

钻进深井

塔里木油田超深井 地下8882米

跃进深蓝

银河麒麟国产操作系统填补空白 0→1

探进深空

深空测控站探测距离 地表4亿公里

—— 中国深度 央企构造 ——

无论多远，都有追梦人

航天梦是强国梦的重要组成部分。党的十八大以来，党中央高度重视航天事业发展，中国人探索太空的脚步正在迈得更大、更远。

“收到！‘天问一号’传回地面首幅图像。”2021年2月，深空探测站支持“天问一号”到达火星，测控距离延伸到4亿公里，成为目前我国深空探测系统已到达的最远距离。

声像传输只是“开胃菜”，航天测控通信系统拥有更强大的功能：对于飞行器来说，航天测控通信系统就是“风筝线”，也是它们与地球联系的唯一纽带；对于航天员来说，则是他们和地面通联的“生命线”。作为建设航天强国的重要力量，中国电科参与历次航天发射任务，在陆、海、天全方位系统布局地面雷达、地面测控站、海上测量船及中继卫星系统，已成为我国唯一具有陆海天基测控站及星弹箭载用户终端研制能力的单位，在深入推进载人航天测控通信、天基测控通信系统等重大工程项目研制任务中，不断加强测控通信能力建设，用无形电波张开了一张100%全覆盖的测控通信“天罗地网”。

从第一代测控体制到如今的第三代“综合化测控体制”，从软件到硬件，从基础元器件到整机、系统的自主创新，从“有人值守”到“无人保驾”，从让“玉兔”在月球问候地球，到“天问一号”火星探测器翩翩绕舞火星，再到“祝融号”款款而行火星地表，中国电科助力我国测控通信技术从太空走向更远的深空，不断刷新探测高度，让迈向“星辰大海”的脚步走得更远。

仰望星空的不一定是航天人，也可以是身处极深地下的科研人和建设者。在不为人知的四川锦屏山地下2400米深处，我国首个、世界最深的“极深地下实验室”项目揭开神秘面纱，一群“地下工作者”们孜孜以求，苦苦追寻宇宙中最“弱”的光——暗物质。

建设极低辐射本底的实验设施正是“追光”的开始。国投集团雅砻江公司联合清华大学共建的中国锦屏地下实验室，位于锦屏水电站的交通隧道——锦屏山隧道中部。中国锦屏地下实验室扩建的锦屏大设施工程项目，已列入国家“十四五”

规划，在国内没有任何先例，没有任何可供借鉴的工法和标准，只能在实践中探索。空间有限、洞室纵横、环境复杂，极大增加了工程建设的难度。项目开工建设以来，中建集团旗下中建三局等参建单位、高校、设计院通力合作，不断攻关，打造世界最深智能工地，走出了一条自主创新之路，助力建设“国之重器”。

为更好开展核天体物理关键反应直接测量研究，中核集团原子能院牵头联合中科院近物所、北京师范大学等国内外优势力量，在中国锦屏地下实验室完成深地加速器安装运行。2020 年 12 月 26 日，强流加速器成功出束，成为世界上最

中核集团锦屏深地核天体物理加速器

[中核集团供图]

强流深地加速器。2022 年中核集团发布首批研究成果，标志着我国核天体物理实验研究步入国际先进行列，我国成为世界上第三个具备开展深地核天体物理研究的国家。

风光无限，常在险峰；探索不止，须攀高峰。来自各领域、各行业的中国科研工作者们正一步一个脚印登顶更多“制高点”，让中国傲立世界科技之林。

不管多深，都要找到你

早有壮志思报国。挺进深海、能源报国，是海洋石油人从未放弃攀登的“高峰”。

业内将水深超 300 米海域定义为“深水”，1500 米以上为“超深水”。南海油气资源丰富，70% 在深水。此前，深水油气勘探开发关键技术掌握在少数发达国家手中，关键核心技术只能靠自己。正如“深海一号”超深水大气田开发项目总经理尤学刚所说：“缺技术，就学习技术、钻研技术、创新技术！”

面对一系列“不可能完成”的任务，一群不服输的海油人在蓝色国土上战天斗海、接续奋斗。“深海一号”能源站项目在建造阶段就实现了 3 项世界级创新，运用 13 项国内首创技术，攻克 10 多项行业难题。

2021 年 6 月 25 日，随着气阀打开，喷薄的“气龙”从 1500 米深水下奔涌而出，我国海洋石油工业创造了历史：首个自营超深水大气田——“深海一号”成功投产，我国海洋石油工业正式迈向超深水时代。

深水之下“寻宝”难，深井之下同样不易。在沙漠腹地，一群石油人正不断挺进“地下珠峰”，探寻能源宝藏。

2022 年 9 月 10 日，位于塔克拉玛干沙漠腹地的满深 10 井顺利钻进至 8333 米，为中国石油向 9000 米、万米深地进军迈出了坚实一步。这口井是中国石油塔里木油田实施油气勘探开发超深工程的一口重点风险探井，是继 2019 年轮探 1 井成功钻探至 8882 米后，中国石油首口设计超 9100 米的超深井，设计井深 9186 米。

8882 米，相当于向下钻穿了一座珠穆朗玛峰。它创造了当时亚洲陆上最深井、最深出油气井等七项纪录。以此为代表，这十年，塔里木油田加快挺进超深层，累计钻探 8000 米超深井 52 口，数量呈爆发式增长。这个深度，多次打破我国油气勘探开发超深工程纪录。

这十年，中国石油致力于高水平科技自立自强，开展了艰苦卓绝的科技攻关，打开塔里木油气资源宝库的超深工程金钥匙逐渐清晰：实现了对地下数千米深处的油气“看得见”“够得着”“采得出”；形成了两大地质理论、四大勘探开发

技术系列和六大工程配套技术；300 多项重要油气生产设备全面实现国产化。当前，中国石油人正在向万米钻探目标迈进，努力在地层深处获取更多油气资源，为保障国家能源安全再立新功。

同样瞄准“深地”目标的还有来自中国石化的“寻宝人”。

十年来，中国石化在四川盆地深层天然气、胜利油田深层页岩油、新疆顺北油气田深层油气勘探开发，均取得重大突破，并率先宣布在油气勘探开发领域推进“深地工程”。

“深地一号”顺北 1-1H 井

［中国石化供图］

2022 年 8 月 10 日，中国石化“深地工程”获得重大突破。顺北 803 斜井测试获高产工业油气流，折算日产油气当量达到 1017 吨，成为顺北油气田超深层第 15 口“千吨井”。目前，“深地一号”顺北油气田项目，钻探垂直深度超过 8000 米的油气井达 41 口，已落实 4 个亿吨级油气区。

顺北油气田位于塔里木盆地中西部，油藏具有超深、高温、高压等特点，储层平均埋藏深度超过 7300 米，定向井井深最深达到 9300 米，再次刷新亚洲最深纪录。

据了解，我国深层、超深层油气资源达 671 亿吨油当量，占全国油气资源总量的 34%，深层、超深层已经成为我国油气重大发现的主阵地。为了在“地下珠峰”采油，我国已攻克超高强度套管、钻杆、钻井液、测控仪器等关键技术。

不论多难，都要靠自己

操作系统是什么？很多时候它看不见摸不着，却是计算机系统的灵魂。

它是信息系统最基本的运行平台，是硬件和软件的连接器。是否拥有自主操作系统技术与产业实力，直接决定了国家数字基础设施的发展水平，对于提升国家网络空间竞争力，实现网络强国战略具有重要意义。

国产操作系统可以说是无形的大国重器，要建好却绝非一日之功。

作为软件工程的“珠穆朗玛”，操作系统代码动辄千万甚至上亿行，工程量浩如烟海。假如把一张 A4 纸打满代码，一个操作系统的全部代码打印在纸上，可以垒成几十层楼那么高。而且操作系统技术方向多，生态依赖强，全球这么多年，很多国家和大企业都在做，只有极少数几款操作系统杀出重围。从无到有、从有到优，国产操作系统的开拓者们用经年累月的创新和拼搏，用一行行的程序代码，完成无数次的追赶和较量，硬是在这条难度极大、门槛极高的赛道上跑出了中国人自己的路。

银河麒麟助力国内首套超超临界火电机组自主安全 DCS 成功投运

［中国电子供图］

银河麒麟操作系统的发布，打破了国外操作系统产品在党政、金融、交通、能源等多个关键领域的垄断。嫦娥探月、天问探火、神舟十三翱翔天际，这些让我们每个国人无比熟悉又骄傲的中国科技背后，都有银河麒麟操作系统的保驾护航。中国电子麒麟软件高级副总经理、技术负责人韩乃平自豪地说：“过去，大规模的复杂交易系统，从硬件到软件再到底层的操作系统都要依赖国外进口。现在，我们可以依靠中国自主的软硬件产品支撑这些关键业务。”

深蓝光标串起了国家信息时代的智慧大桥，行行代码链接起祖国的高楼大厦、碧水蓝天、星辰大海，在数字时代发出中国创新的震耳声音。

迈进深地、挺进深海、探进深空、跃进深蓝……在科学探索和祖国建设的征途上，来自央企战队的追梦人、寻宝人、开拓者们接力前进，为中国之崛起镌刻下最清晰的坐标和最有力的脚注。

中国深度，央企构造。作为“国家队”、主力军，以央企为代表的无数奋斗者正在攻克更多核心技术攻关，实现更多突破，取得更大成绩，让更多“上九天揽月，下五洋捉鳖”的梦想照进现实！

（人民网人民视频　孟琳达　孙丰欣）*

*《九天揽月、五洋捉鳖，自主创新解锁“中国深度”》原载于 http://v.people.cn/n1/2022/0927/c421419-32535315.html.

一 挺进深海

『深海一号』：深海重器勇往直『潜』

南海中央，深蓝的海水映照着明黄色的钢架结构，“深海一号”——这座源源不断输送天然气的钢铁巨人在阳光下熠熠生辉。

2021 年 1 月 14 日，中国海油对外宣布由我国自主研发建造的全球首座十万吨级深水半潜式生产储油平台——“深海一号”能源站在山东烟台交付启航，于同年 6 月 25 日在海南陵水海域正式投产，用于开发我国首个 1500 米深水自营大气田——陵水 17-2 气田，标志着我国海洋油气勘探开发迈向新阶段。

凝结着几代中国海油人接力攻关的大国重器“深海一号”，把传说变为现实，无数中国海油人不畏艰难、奋勇争先、开创先例，叩开了超深海能源宝藏的大门，每天 1000 万立方米的天然气自海底 1500 米源源不断地开采出来，最终抵达千家万户，化为袅袅炊烟。

挺进深海，创造的不只是新的中国深度，更是一个属于中国人的新未来。

扫码看视频

挺进深海

Ting Jin Shen Hai

『深海一号』超深水大气田，距离海南岛东南方向 150 公里所在海域最大水深超过 1500 米，每年为粤港琼等地供应 30 亿立方米深海天然气满足粤港澳大湾区四分之一的民生用气需求

我国首个自营**超深水**大气田

匠心锻造，中海油勘探迈入“超深水时代”

国际上普遍将水深超过 1500 米的海域定义为“超深水”，这里分布的油气大多处于“望得见、够不着”的状态，因为水深的量变带来的是开发难度的质变。

挺进深海，谈何容易？

海平面以下，水深每增加 10 米，水下设备就要多承受 1 个大气压的水压；当水深超过 1000 米，海水温度也从均温十几摄氏度降至约 5 摄氏度，对油气的状态产生影响；到达海底，巨大而松软的沙坡沙脊会让生产设备难以稳固着陆，更不用提南海常见的内波流和台风天气。

2014 年，位于琼东南盆地的“深海一号”大气田被发现，其探明天然气储量超千亿立方米，最大水深超过 1500 米，最大井深超过 4000 米，是我国迄今为止自主发现的平均水深最深、勘探开发难度最大的海上超深水气田。深水油气田开发是世界级难题，对于海洋石油起步较晚的中国而言，更是难上加难。

中国海油的建设者除了要面临来自海洋自身的巨大挑战，还要面临技术挑战。海上能源站建设不仅存在缺乏先例借鉴、建设工期紧的情况，还必须按照“30 年不回坞检修”等高质量标准设计建造，仅下部船体就由 24 万个零部件组成，设计建造极难。中国海油“深海一号”气田开发项目总经理尤学刚说：“尽管我国浅水石油开采能力已达到世界先进水平，但深水油气田开发‘一无技术、二无资源、三无经验’，气田开发前期状况不断。”

面对困境，“深海一号”开发生产团队带领数千名施工人员，克服重重困难，昼夜轮流作业，高质量完成了船体建造、上部组块建造以及两个组块的“大合龙”。2020 年底，中国海油仅用 1 年半时间建成该平台，创下了比国际同类平台建设工期提前 18 个月的纪录。

雄踞琼东南，傲然巨无霸。“深海一号”成功投产的背后，凝结着几代海洋石油工业建设者经年累月的智慧与创造，归功于贯穿整个产业链的“深水舰队”，我国海洋石油勘探开发能力完成了从 300 米水深到 1500 米水深的历史性重大跨越，正式迈入了“超深水时代”。

2021 年 2 月 6 日“深海一号”能源站顺利抵达海南岛东南陵水海域

[中国海油供图]

开拓创新，实现多项关键核心技术攻关

“‘深海一号’能源站尺寸巨大，总重量超过 5 万吨，最大投影面积相当于两个标准足球场大小，总高度达 120 米，相当于 40 层楼高，最大排水量达 11 万吨，相当于 3 艘中型航母。其船体工程焊缝总长度高达 60 万米，可以环绕北京六环 3 圈；使用电缆长度超 800 公里，可以环绕海南岛一周。”尤学刚说道。

如何让这样一座庞然大物在海上屹立不倒？该如何把平台稳稳固定在海面上？中国海油“深海一号”气田开发生产团队开拓创新，想到了一个绝妙的解决办法：使用 16 根用来固定平台的锚链，锚链由高端聚酯纤维材料制成，一头系在“深海一号”平台的四个角上，另一头系在海底，每根绳子的破断力超过 2000 吨，能使平台抵抗 16 级台风并实现 30 年不回坞。这是一项打破国际垄断的技术突破，也折射出我国海洋油气装备制造能力的突飞猛进。

“深海一号”是一个既产气又产油的大气田，深埋地层的油、气、水等混合物会通过水下管汇、跨接管、海底管线等水下生产设备进入“深海一号”，经由设备的一系列处理后，气会找到气的管道，而油则去向另一条通路。

“深海一号”首创立柱储油技术，借助“保温瓶内胆”的理念，在平台的 4

根浮体立柱内分别设置 5000 立方米的凝析油舱，并为油舱装上量身定做的“护体铠甲”，既能解决凝析油储存问题，又避免了油体遭碰撞泄漏的风险，同时节省了约 8 亿元的成本。这使得“深海一号”实现了凝析油生产、存储和外输一体化功能，一举成为全球首个十万吨级深水半潜式生产储油平台。

像这样的技术创新还有很多很多，中国海油的建设者在云诡波谲的波涛中破解深水宝藏的密码，“深海一号”在整个设计、研发、建造的过程中实现 3 项世界级创新，运用 13 项国内首创技术，攻克 10 多项行业难题，是中国海洋工程建造领域的集大成之作。

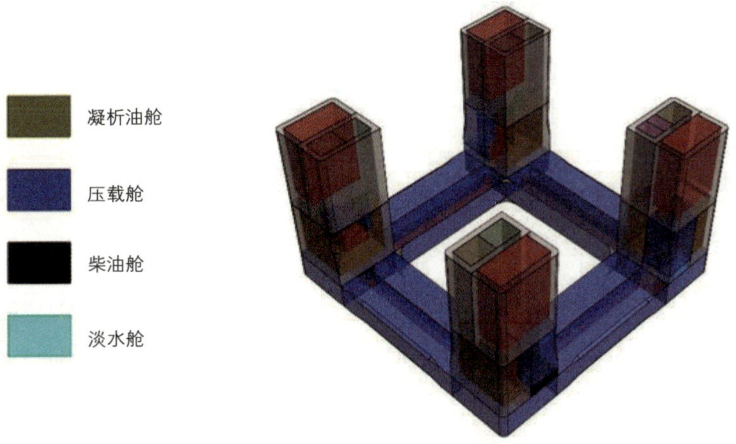

世界首创立柱储油技术

[中国海油供图]

凝心聚力，5000 多名建设者用青春打造“深海重器”

过去一年，“深海一号”的亮相惊艳了世界。它成功投产的背后，是 5000 多名建设者默默付出奋战了 7 年。为实现“用自己的装备，开发自己的能源”这个朴素的愿望，让“深海一号”建设者一次次勇敢地立上潮头，突破于无尽的深海，向世界证明，即便深远如大海，也无法阻止中国人抵达的脚步。

建设者与“深海一号”

［中国海油供图］

为了保证持续产气，海上平台全年无休，机械设备 24 小时不间断作业。在海上，每个岗位都会由两个人来对倒，一个海班要连续工作 28 天。大部分时间，海上生活是单调重复的。对于一线值守的海洋石油工人而言，缺席子女的成长、逢年过节不能陪伴亲人是日常。

梅花香自苦寒来。2022 年 6 月，“深海一号”超深水大气田累计生产天然气突破 20 亿立方米，相当于解决了 500 多万个家庭一年的用气量，成为粤港澳大湾区和海南自贸港能源供应的重要支撑。

“深海一号”的建设、交付以及最终投产，对于我国海洋石油工业具有划时代的里程碑意义。它不仅标志着我国深水油气田开发能力和深水海洋工程装备建造水平取得重大突破，对于提升我国海洋资源开发能力、保障国家能源安全、支撑海洋强国战略具有重要的意义。

未来，依托“深海一号”，我国将努力加大深水勘探力度，带动周边新的深水气田开发。预计到 2025 年，将建成南海万亿大气区，进一步提升我国清洁能源供应能力。

中国深度，央企构造。挺进深海、能源报国，是中国海油人从未放弃攀登的“高峰”，当华灯初上、万家灯火时，守望便有了真正的意义。

（人民网人民视频　孟琳达　孙丰欣）*

*《“深海一号”：深海重器勇往直“潜”》原载于 http://v.people.cn/n1/2022/0930/c421419-32537988.html.

二

迈进深地

地下深处，仰望星空

“天高地迥，觉宇宙之无穷；兴尽悲来，识盈虚之有数。”宇宙在世人的眼中是一个永恒的存在，既笼罩着神秘的色彩，又使人感到好奇和向往。

主导宇宙演化的洪荒之力到底是什么？占宇宙 95% 的暗物质与暗能量究竟是怎样的存在？探测暗物质对揭开宇宙奥秘至关重要，暗物质、中微子、恒星演化、元素形成，这些前沿科学研究将为人类认识宇宙带来革命性的突破。科学研究苦苦探寻的答案，也许不在浩渺星空，而在 2400 米地下深处。

在这个由清华大学与国投集团雅砻江流域水电开发有限公司（简称：国投集团雅砻江公司）合作共建运行的世界最深地下实验室——中国锦屏地下实验室中，科学家们在这里“仰望星空”，寻找那最“弱”的光，向更深邃的宇宙奥秘“进军”！

扫码看视频

迈进深地

中国锦屏地下实验室，深埋**2400**米地下，宇宙线通量只有地面的一亿分之一

它不仅填补了我国深地实验室的空白，这里开展的研究

更助力我国在暗物质和核天体物理研究领域进入全球第一方阵

世界上**最深最大**的深地实验室

向深地进军，打造中国首个“世界最深”

暗物质、中微子、恒星演化、元素形成……这些前沿科学研究将为人类认识宇宙带来革命性的突破。选择在深地“仰望星空”，是利用山体阻挡宇宙射线的干扰，为科学实验提供最“纯净”的环境。在中国锦屏地下实验室建成之前，深地实验室是欧美发达国家的专利。

中国锦屏地下实验室的建设，从本世纪初开始。世纪之初，国投集团雅砻江公司将锦屏大河湾截弯取直，建设两座世界级水电站。2008 年 8 月 8 日，北京奥运会开幕当天，连接两座电站的锦屏山隧道贯通，正在苦苦寻找暗物质研究场地的清华大学敏锐意识到这里是开展暗物质研究的绝佳场所，迅速与雅砻江公司取得联系。

锦屏山隧洞是世界上埋深最深的隧道之一，建设过程中多次遭遇大流量突涌水，遭遇较大规模岩爆 1200 多次，被国内外专家称为地下工程施工中的“癌症”。在此基础上扩挖建设实验室，稍有不慎，会再次引发岩爆、塌方，对原有隧洞造成巨大破坏，甚至对锦屏水电工程建设造成极大影响。

面对种种风险与挑战，国投集团毅然决定支持国家基础科研，由雅砻江公司与清华大学共建锦屏实验室。通过科学论证解决安全风险，仅用一年半时间就完成了实验室建设。2010 年 12 月，中国锦屏地下实验室建成投运，成为我国首个、也是世界最深的地下实验室。

2014 年，清华大学与国投集团雅砻江公司规划建设更大空间，能容纳更多实验组的实验室二期项目，将地下可用实验空间由原来的 4000 立方米增加到 30 万立方米，同时在一期、二期工程基础上，提出建设“极深地下极低辐射本底前沿物理实验设施”（简称“锦屏大设施”）项目。该项目最终获得国家正式批复，并于 2019 年 7 月 20 日启动。作为前瞻引领型的重大科技基础设施，中国锦屏地下实验室为中国深地基础科学研究提供了重要平台，成为一项新的国之重器。

锦屏山隧道入口

［国投供图］

攻克“地下2400米”极限挑战，建设最“纯净”的实验室

在地下2400米的地方“仰望星空”，是因为地下实验环境能降低宇宙线对科学实验的干扰，中国锦屏地下实验室开展的实验研究，除控制宇宙线通量外，还需要严格控制“环境本底”，让实验处于“纯净”的环境中。

在这大山深处，隧洞之中，想要建设最“纯净”的实验室绝非易事。深地环境本身氡气含量偏高，富集效应会进一步增大氡气浓度，对实验产生干扰。同时，实验室建设所需的钢筋、水泥、骨料，以及实验仪器设备等都需要满足低本底要求，降低对实验的干扰。

成功的路上困难重重、满是荆棘。锦屏大设施工程建设在国内没有先例，没有任何借鉴的工法和标准，只能在实践中不断探索。深地环境对科研是优势，对工程建设却是巨大的挑战：空间有限、洞室纵横、环境复杂，极大增加了工程建设的难度。锦屏大设施对工程质量要求严苛，也对施工技术、工艺工法、施工组织等提出了更高要求。

3年来，各参建单位、高校、设计院通力合作，不断攻关，走出了一条自主创新道路，在满足地下实验室低本底辐射值、氡气抑制、表面洁净的基础上综合考虑防水措施，做到防排结合，刚柔相济，实验空间耐久适用，突破该项技术瓶颈，更是首创防水抑氡工艺。

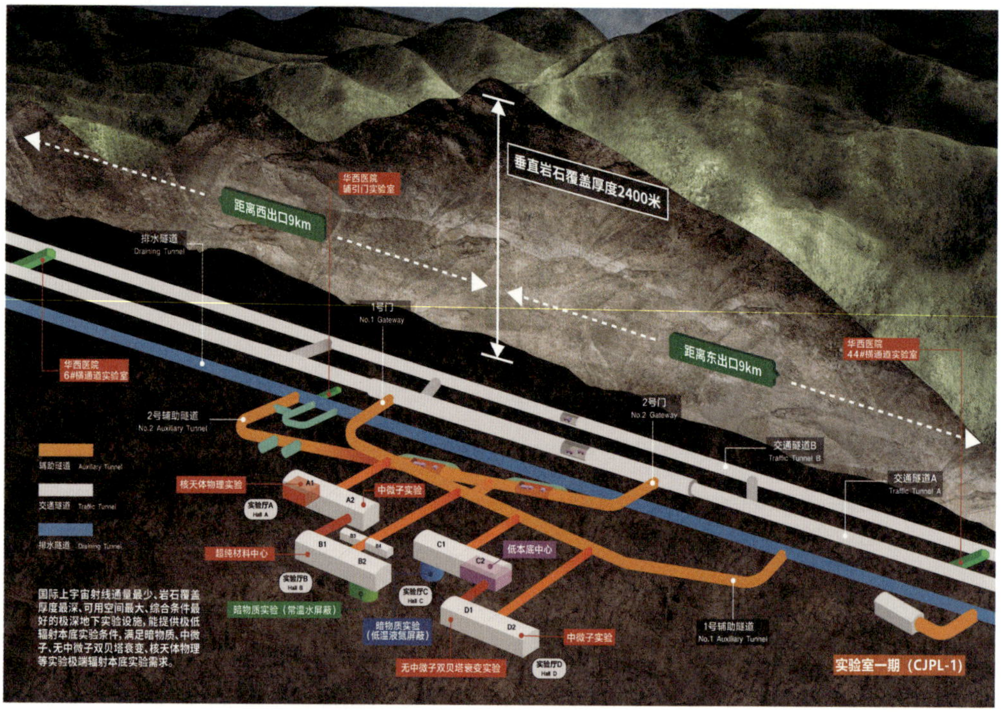

中国锦屏地下实验室示意图

［国投供图］

处于地下深处的建设者们殚精竭虑、攻坚克难，极力破解着“挑剔”的建筑材料、设备、工艺、质量等方面的诸多难题。中建集团正在施工实验室二期，创新使用 10 层复杂结构，将岩石产生的水和氡气屏蔽在实验室之外，所有设备、材料均特殊定制，做到辐射最低，以保障未来科学实验的精度。实验室所用的建筑材料、实验器材等全部定制生产，每批次材料均需进行低本底辐射检测，在探测器核心区，要求放射性核素含量小于 10 微贝克（每秒有一个原子发生衰变时，其放射性活度即为 1 贝克）每公斤的超纯材料，非核心区材料也要求小于每公斤 1 毫贝克。

大国重器的建造离不开“大国脊梁”，在地下 2400 米，聚集着中国极深地下科研和建设的国家队，他们向极限挑战，建设世界最“纯净”实验室，众志成城打造出这座“国之重器”。

开放共享，打造全球深地科学研究“圣地”

中国锦屏地下实验室成立之初，清华大学 CDEX 实验团队和上海交通大学 PandaX 实验团队入驻锦屏地下实验室，主要开展暗物质探测方面的研究。

2400 米深处的锦屏地下实验室，犹如探索宇宙星空的“发现之门”，科学家们在这里取得了一系列喜人的成果，助力我国暗物质研究实现了从“跟跑”“并跑”到“领跑”的跨越，推动了我国相关基础前沿领域迅速发展。2020 年 12 月，中核集团中国原子能科学研究院和中科院近代物理研究所在这建成世界最强流深地核天体物理加速器，并成功出束。科研团队对“圣杯”反应（直接影响恒星演化进程的 12C(α，γ)16O 核反应，被誉为核天体物理研究领域的“圣杯”反应）等进行直接测量，灵敏度、统计精度、曝光量、能量范围均为国际最高水平。

与此同时，越来越多的顶尖科研团队也相继入驻，形成了多学科交叉的前沿实验平台，实验组研究方向愈加丰富，新的研究成果捷报连连，吸引着更多科研需求。

2024 年，中国锦屏地下实验室二期将建成投入运行，将成为具备极低氡气浓度、极低环境辐射、超低宇宙线通量、超洁净空间等优势的国际一流深地实验室。

未来，中国锦屏地下实验室将持续吸引国内外顶级科学团队入驻，形成暗物质探测、核天体物理、生命科学、岩石力学等多学科交叉的世界级开放共享实验平台，成为全球深地科学研究的“圣地”。

中国深度，央企担当。当建设科技强国的时代召唤与个人价值在锦屏山地下 2400 米深处汇聚，一曲击鼓催征、奋楫扬帆的壮美诗歌激越奏响。

清华大学 CDEX 团队在中国锦屏地下实验室进行研究

［国投供图］

中国锦屏地下实验室的建设者们满怀豪情，投身支持国家基础科学研究的伟大事业，在人类科学史上，中国人注定将留下浓墨重彩的一笔。

（人民网人民视频　孟琳达　孙丰欣）*

*《地下深处，仰望星空》原载于 http://v.people.cn/n1/2022/0928/c421419-32535924.html.

三

钻进深井 挺进超深：『地下珠峰』探宝藏

生命的脚步永不停歇，探索的脚步从未停止。

2022 年 9 月 10 日，塔里木盆地，中国石油首口设计超 9100 米的超深井，设计井深 9186 米的满深 10 井，已顺利钻进至 8333 米，为中国石油向 9000 米、万米深地进军迈出了坚实一步。

面积 56 万平方千米的塔里木盆地，是我国陆上最大的含油气盆地，也是全球唯一以超深层资源为主的含油气盆地，超深油气资源量在全国各大盆地中居于首位，塔里木油田超深层探明油气地质储量约占全球的 19%，目之所及，是一幅现代石油工业的壮阔画卷。而无数中国石油人，不畏艰险地扎根于此，夜以继日、孜孜不怠地探索，在这个巨大的盆地创造了一个个颠覆性的顶峰。

2019 年，轮探 1 井完钻井深 8882 米，相当于向下钻穿了一座珠穆朗玛峰。它创造了亚洲陆上最深井、最深出油气井等七项纪录，标志着我国超深复杂油气藏勘探开发技术达到世界领先水平。

扫码看视频

钻进深井

深度

Zuan Jin Shen Jing

塔里木盆地地下被称为勘探『禁区』
中国石油塔里木油田累计打穿52口8000米『地下珠峰』超深井
开启万米超深油气勘探新征程

全球最大超深天然气开发基地

进军超深复杂领域，把能源饭碗端好端牢

油气资源是现代社会发展的重要物质基础，是工业经济运行的“血脉”。改革开放以后，随着我国经济快速发展，对油气资源需求日益加大。近些年，我国中浅层的油气资源已进入开发生产的后期，但深部地层仍然埋藏着丰富的油气资源。

在塔里木盆地，埋深超过 6000 米的石油和天然气分别占全国的 83% 和 63%，超深油气资源量在全国各大盆地中居于首位，使这里成为我国最大的深地油气富集区。近年来，塔里木油田找到的 90% 油气储量、50% 油气产量来自超深层。

国际上一般将超过 4500 米的井称为“深井”，超过 6000 米的井称为“超深井”。塔里木油田一直梦想钻达 6000 米以深的超深层。2005 年上钻的克拉 4 井，经过 3 次加深，钻达 6400 米井深时，由于技术和井下复杂原因，没有实现钻探目的，但这并没有阻挡住塔里木石油人向超深层进军的步伐。

进军超深复杂领域，已成为我国油气勘探开发的必然趋势，成为中国石油和塔里木油田保障国家能源安全、助力能源饭碗端在自己手里的必然选择。

塔里木油田超深油气勘探开发大场面

[中国石油供图]

从中浅层到超深层，突破油气“勘探禁区”

上天、下海、入地，是人类探索自然的三大壮举。上天难，入地更难。

塔里木盆地地质条件与世界其他盆地完全不同，历经八期构造变形，地质构造复杂多样，油气藏普遍存在超深、超高温、超高压等勘探开发难题。在野外施工时必须克服极度干旱少雨的气候环境，翻越一道道高差上千米的高山和深沟，令人望而生畏，被称为“勘探禁区”。

一深带万难。与地面施工不同，向地球深部进军并非易事。和修建高楼大厦类似，钻井到达一定深度极限后，每向下一米，其难度都面临着几何倍数增长。世界上衡量钻井难度的 13 项指标中，塔里木盆地有 7 项名列第一，勘探开发难度比肩嫦娥登月、蛟龙下海，堪称“全球少有、国内独有”，超出了教科书认识和我国东部油田经验。

地下油气埋深普遍超过 7000 米勘探“死亡线”，200 多度的高温和 100 多兆帕的高压，让坚硬的钻井工具犹如面条一样柔软。中国石油塔里木油田公司首席技术专家王春生说：“地下不仅要钻穿最厚达 5800 米、坚硬如同‘金刚石的巨厚砾石层，还要钻穿最厚达 5900 米、柔似‘橡皮糖’的巨厚膏盐层。”诸多问题，都给油气勘探开发带来前所未见的难题。

在这种复杂地质环境下，常规钻探技术基本“打不成”井，更谈不上“钻得快”“建得好”。王春生回忆道：“我们曾经有一个全新的金刚石钻头在地下 5000 多米深处钻进，仅打了 20 米，就严重变形，钻头上镶嵌的复合片齿全部磨秃。”

茫茫荒原之上，面对钻完井“世界禁区”，面对“全球少有、国内独有”的工程难题，中国石油人没有退缩，他们扛起责任与担当，用智慧与勇气，穿梭于地表之下，完成了超深层油气勘探壮举。

从“跟跑”到“领跑”，突破工程技术“深度极限”

塔里木油田的勘探开发史，是一部科技创新史，更是一场与险恶环境的斗争，是一次与技术挑战的较量，是一种精神的淬炼。中国石油人不断挑战极限，突破禁区，一次次用探索、实践和创新更改教科书的“金科玉律”。

磨而不磷，涅而不缁。面对“无参考技术、无适配装备、无可靠经验”等巨大挑战，塔里木油田坚持把科技创新作为第一生产力，将“入地梦”融入“强国梦”，磨砺超深层工程技术“利剑”。关键核心技术是要不来、买不来、讨不来的，自从 2008 年在克深 2 井开启油气勘探开发超深工程以来，针对基础理论、工艺研发、装备制造等卡脖子技术，石油人开展了艰苦卓绝的科技攻关。

轮探 1 井刷新世界最深井纪录

［中国石油供图］

2024 年 3 月 4 日，我国首口万米深井——中国石油塔里木油田深地塔科 1 井突破万米大关

［中国石油供图］

十年磨一剑，打开塔里木油气资源宝库的深地工程金钥匙逐渐清晰，实现了对地下数千米深处的油气“看得见”“够得着”“采得出”，并形成了两大地质理论、四大勘探开发技术系列和六大工程配套技术，同时全面掌握了 8000 米勘探开发配套技术，9000 米钻机及钻完井工具设备、天然气压缩机组等 300 多项重要油气生产设备全面实现国产化。

沙漠及山地高精度地震、超深超薄储层钻完井等技术达到国际先进水平，垂直钻井、高密度油基泥浆等一系列新技术新装备新工具打破国外垄断、填补国内空白，为我国石油工业勘探开发向超深复杂领域发展，提供了坚实的理论和技术储备。高水平科技自立自强脚步铿锵笃定，关键技术群实现从“跟跑”到“并跑”再到“领跑”。

以轮探 1 井为代表，十年的时光里，塔里木油田加快挺进超深层，钻探的 8000 米超深井数量呈爆发式增长，累计打穿了 52 座超 8000 米地下“珠峰”，钻探的超深井数量占全国的 80% 以上，找到的超深层油气储量占全国的 3/4，建成我国最大超深层油气生产基地、全球最大超深超高压天然气开发基地，奠定了我国在世界超深油气领域勘探开发的领军地位。

2020 年 1 月，轮探 1 井在垂深 8200 米以下获得了 5 亿年前的高产油气流，首次发现全球最深古生界油气藏。这是塔里木盆地首次在 8000 米以深取得油气突破，推动盆地油气勘探进入 8000 米以深的新阶段。

2020 年 1 月，轮探 1 井在地层 8200 米深处获高产工业油气流

［中国石油供图］

2022 年 9 月，中国石油在塔里木油田开启万米油气勘探开发新征程，在更深更复杂的地下寻找更多油气资源，保障国家能源安全。

从“刀片山”上的不断突破，到轮探 1 井钻出“地下珠峰”，再到超深层涌出的滚滚油气，“塔里木速度”正不断突破工程技术“深度”极限，树立超深“入地”新标杆。“只有荒凉的沙漠，没有荒凉的人生”，中国石油人不畏艰难险阻，心怀国之大者的使命担当，在每一米深入探索和每一次贯通中，书写着青春华章。

地表之下，坚定前行；中国深度，央企构造。地下珠峰探宝藏，超深层里立新功，为奋斗者喝彩，为新时代点赞！

（人民网人民视频　孟琳达　孙丰欣）*

*《挺进超深：“地下珠峰”探宝藏》原载于 http://v.people.cn/n1/2022/0929/c421419-32536786.html.

四

跃进深蓝

「银河麒麟」：夯实信息安全的「中国地基」

科技自立自强，国之重器先行。

操作系统，看不见、摸不着，却无处不在。它是计算机的灵魂，更是大国网络安全的地基。地基不牢，地动山摇，拥有自己的操作系统，一个国家在信息安全领域才能掌握自己的话语权，掌握核心技术才能够实现自主发展。

由中国电子麒麟软件研发的我国新一代自主创新操作系统产品——银河麒麟操作系统 V10，具有国内最高安全等级，不断刷新着国产操作软件的新高度，快速实现了国产操作系统的跨越式发展。

从中国第一款中文操作系统 CCDOS，到银河麒麟操作系统 V10，近四十年的奋斗时光，银河麒麟操作系统终于开花结果，不仅服务于人们生活的方方面面，嫦娥探月、天问探火、神舟十三翱翔天际……这些让每个国人无比熟悉又骄傲的中国科技背后，都有银河麒麟操作系统的保驾护航。

银河麒麟操作系统作为国家信息安全坚实可靠的后盾，肩负着国之重任，守护着大国安全，为我国的现代化发展注入着奔腾之力。

扫码看视频

跃进深蓝

深度

Yue Jin Shen Lan

为我国信息产业植根铸魂，经历了数十年的深耕

已经深入关键信息基础设施的核心系统，实现了国产操作系统从0到1的突破

开启面向万物智联新一代操作系统的研发

『国之重器』银河麒麟操作系统

新一代国产操作系统“麒麟”横空出世

20 世纪 80 年代初，信息技术革命席卷全球。此时中国的计算机运行的还是微软公司的纯英文 DOS 系统，语言的门槛将大众与计算机隔绝开来。为了攻克这个难题，中国软件工程师于 1983 年开发出了中国第一款中文操作系统 CCDOS。语言问题解决了，还有一个更大的难题亟待解决，那就是核心代码问题。

如果把操作系统比作地基，信息就在上面的房屋里。如果中国信息产业没有自主的操作系统，一直住在别人的“地基”上，个人及国家的信息安全就无从谈起，这事关民生安全、金融安全、国家安全的底线。

2002 年，来自全国最顶尖的信息院所的工程师们汇聚在一起，立志要研发国产自主操作系统。然而操作系统作为软件工程的珠穆朗玛峰，代码工作量极大，工程师们选择整合了四个不同技术架构的系统设计，四种系统内核代码多达近 2000 万行，如果打印成 A4 纸，能叠 70 多米高。

银河麒麟操作系统界面

[中国电子供图]

面对这样巨大的工作量，工程师们坚守初心，怀揣满腔热忱，以实验室机房为家，经过多年的鏖战，最终取得了技术上的突破，新一代中国国产操作系统——银河麒麟操作系统终于研发成功，标志着中国操作系统研发水平迈上新台阶。

科技创新的步伐永不停止。2020 年，“遨天计划”正式发布，打造中国操作系统核心力量，银河麒麟操作系统 V10 耀世而生。该系统充分适应 5G 时代需求，打通手机、平板电脑、PC 等，实现多端融合，成功入选“2020 年度央企十大国之重器”、2020 年度中国十大科技新闻。

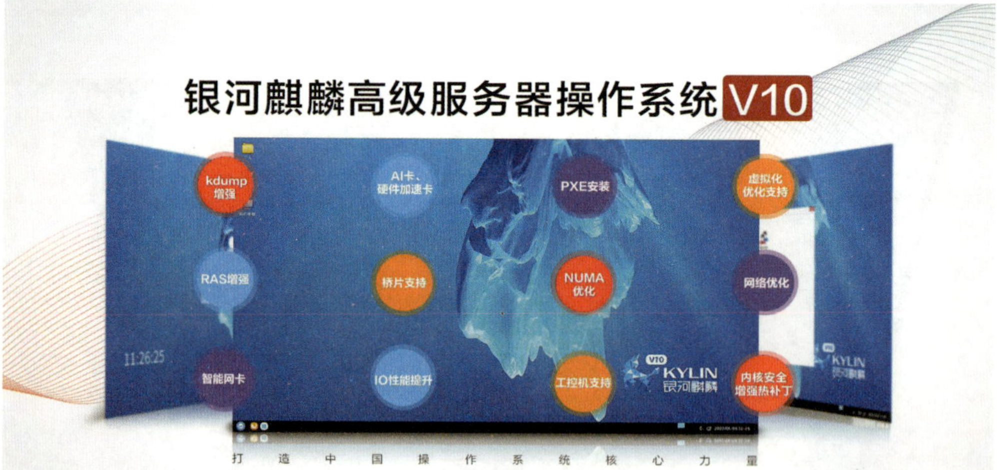

银河麒麟高级服务器操作系统 V10

[中国电子供图]

针对我国网信产业转型升级的实际需求，以及云计算和移动互联网进一步普及的产业大势，2021 年 10 月 27 日，“银河麒麟操作系统 V10 SP1 版本”正式发布，其安全性、易用性和生态能力大幅度提升，达到了中国操作系统的全新高度。

国产操作系统从“跟跑”“并跑”到“领跑”

历经千辛万苦才打磨出的银河麒麟操作系统，寄托着所有人的期许，然而研制好用、适用的操作系统，将“大国重器”核心技术掌握在自己手中，并不是一件容易的事，研制银河麒麟操作系统面临的难点颇多。

首先是如何创新构建内生安全体系。中国电子麒麟软件高级副总经理、技术负责人韩乃平说：“为了信息安全，我们有大量的自研代码，这些代码和开源代码要做到有效融合，并且按照我国的信息安全要求打造操作系统的安全体系。”2020 年，为了更好提升用户体验，打造更安全稳定可靠的操作系统产品，中国电科百人攻关团队赴海南开展操作系统百日会战。历时 5 个月，成功研发出银河麒麟操作系统 V10 版本。该版本具备国内最高的安全等级，在很多重要行业获得应用。

其次是如何进一步丰富与完善生态系统。“我们要建设一个伙伴众多，覆盖广泛的生态体系，这个过程，国外企业用了四十年或者更长时间建立的生态壁垒，我们要用十年，甚至更短的时间建立起来。”韩乃平自豪地介绍道，目前，银河麒麟操作系统的生态适配软硬件已经超越了 100 万款，正在快速追进国外厂商的生态能力。

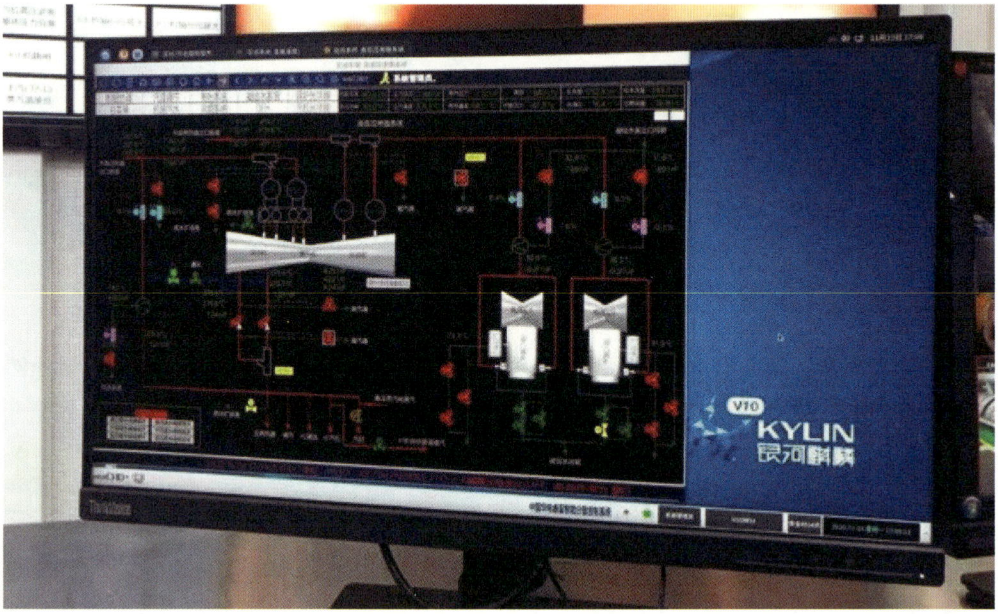

基于银河麒麟操作系统的全新电力 DCS 系统

［中国电子供图］

在技术来源上，中国不能一直依赖国际开源社区供给，中国人要有自己的开源供应链，因此打造自己主导的开源操作系统根社区就成了必然的选择。2022 年 6 月，由麒麟软件主导发起，国家工信安全中心和普华基础软件等产业同仁参与共建的 openKylin 社区正式成立，以解决我国桌面操作系统根社区的技术来源问题。

国之大者，必有重器。中国电子麒麟软件的工程师们在数十年的发展历程中，始终注重构建自主研发能力，集中力量攻关“卡脖子”问题，靠着这股拼劲，“大国重器”核心技术牢牢掌握在中国人自己手中，打破了国外操作系统产品在党政、金融、交通、能源等多个关键领域的垄断，国产操作系统实现了从“跟跑”“并跑”到“领跑”的跨越。

银河麒麟操作系统应用于多个城市的地铁闸机

［中国电子供图］

守护大国信息安全，助力我国现代化发展

在核心领域成功应用的麒麟操作系统，在市场的锤炼中走向成熟，也开始逐渐进军服务于其他更多重要的生产、生活领域。曾经举步维艰的它，如今已遍布在交通、金融、能源、公共服务等行业，奔腾在数以百万计的电脑中，为快速发展中的各行各业打下了信息安全的“中国地基”。

银河麒麟操作系统在完全自主研发的情况下，积极与国家的一些重大项目“强强联合”，实现了多个行业关键业务系统自主产品突破性应用。2021 年，麒麟软件踊跃响应国家号召，紧跟国家“十四五”规划中的加强基础信息技术服务体系建设，营造开放包容的操作系统生态要求，专程打造“工程中心”，在推动教育、医疗、交通、电信、能源等领域的设备智能化效率提升方面作出了突出贡献。

航空航天方面，银河麒麟操作系统可以根据需求进行灵活剪裁和大幅度压缩，做出符合航天精度及大小要求的高安全操作系统，从而保障了嫦娥探月、天问一号等航天任务的顺利完成。

未来，银河麒麟操作系统将继续在政府、教育、司法、金融、能源、通信、交通等多行业宽领域进行深耕细掘，持续筑牢智慧教育、智慧医疗、智慧交通等数字化行业应用的自主创新基座，助力国产操作系统腾飞崛起，推动我国现代化高质量跨越式发展。

中国深度，央企构造。四十年来，无数的政务系统和指挥系统，一套套办公整机和交易机柜，在银河麒麟的加持下，用一个个闪耀着智慧之光的节点，串起了国家信息时代的智慧大桥，将祖国的高楼大厦、碧水蓝天、星辰大海紧密地链接在一起。

中国人正在迈向拥有无限可能的科技新未来，爆发出了中国创新的震耳声音！

（人民网人民视频　孟琳达　孙丰欣）*

*《“银河麒麟”：夯实信息安全的“中国地基”》原载于 http://v.people.cn/n1/2022/1002/c421419-32538896.html.

五

探进深空

深空测控系统：捕捉太空的声音

目尽星河远，连通天地间。

在中国东北、西部边陲的土地上，在南美巴塔哥尼亚高原上，一面面巨大的深空天线正向着浩瀚无垠的宇宙、向着遥远未知的火星接力工作，日夜探索……

2012 年 6 月，神舟九号成功返回地面，中国航天史上首次载人交会对接任务顺利完成；2020 年 5 月，嫦娥五号怀揣取自月球的土壤成功返回；2022 年 7 月，问天实验舱与天和核心舱组合体在轨完成交会对接，中国空间站在轨建造进入冲刺阶段……

从手动完成对接到自主快速交会对接，从载人飞行到空间站飞行，从“嫦娥”奔月到火星探秘，中国航天事业不断刷新纪录、缔造“航天强国梦”的背后，离不开由中国电科测控通信系统提供的强大技术支撑。

遥望星河，心系苍穹。正是这些太空“守望者”，让中国人探索太空的脚步迈得更大、更远，不断为中国航天事业书写新辉煌。

扫码看视频

探进深空

Tan Jin Shen Kong

分布在中国东北、西部以及南美洲的佳木斯66米深空站喀什35米深空站、阿根廷35米深空站对深空探测器测控覆盖率达90%以上。目前正在进行的『天问一号』任务探测距离远端达到了4亿公里。

后续将支持更远距离的深空任务

深空测控“天罗地网”护“天问一号”平安

2021 年 5 月，我国火星探测器“天问一号”成功着陆，时至今日，它仍在火星为我们探索着星际奥秘。“天问一号”距离地球最远时可超过 4 亿公里，也是目前我国深空测控系统已达到的最远距离。在如此遥远的深空还能与地球上的我们传递信息，靠的就是散布在广袤大地上的深空测控天线系统。

从搭乘火箭上天到着陆火星，漫长旅途中“天问一号”并不孤独。

地球一直在自转，要想一直盯紧高速飞行的“天问一号”，需要在全球布下多个深空站。如果说把“天问一号”比作风筝，那深空测控系统就是人手中牵动的那根“风筝线”，而测控人就被称作“牧星人”。

为尽可能多地覆盖测控范围，中国电科首席专家柴霖介绍说：“我们利用国土东西纵深，建立了全亚洲最大的佳木斯 66 米深空站，喀什 35 米天线组阵系统，以及我国首个海外深空测控站阿根廷 35 米深空站。”三大“站将”实时“保驾护航”，无死角捕获飞行器的位置和状态，测控覆盖率高达 90% 以上。

喀什 35 米天线组阵系统

[中国电科供图]

佳木斯 66 米深空测控站

［中国电科供图］

2021 年 2 月，深空测控站接收到“天问一号”火星探测器传回地面的首幅图像。图像里，火星阿茜达利亚平原、克律塞平原、子午高原、斯基亚帕雷利坑，以及最长的峡谷——水手谷等标志性地貌清晰可见。

声像传输只是“开胃菜”，各个深空测控站组成一张看不见的深空测控网，确保“天问一号”的位置、速度和状态正常，将一条条命令及时准确地送达上亿公里之外的探测器上，精准执行着巡器与环绕器分离、火星着陆等任务所需的远程控制；高性能接收探测器获得的火星图像、火星形态结构等科学数据，同时接收探测器发回地球的遥测信息，全程掌控任务设备状态，并为任务提供数据支持。

在这样的“通力合作”下，上亿公里之外的探测器才能准确完成各项指令，深空测控系统为“天问一号”任务的圆满完成提供了坚实的测控保障。

我国首个海外深空测控站阿根廷 35 米深空测控站

［中国电科供图］

深空天线组阵系统：倾听 4 亿公里外的“声音”

我国迈向深空的脚步越走越远，仅靠单个大口径测控天线已经不能满足深空测控任务对测控和数据传输的需求。

星际空间广袤无垠，从月球的 38 万公里到火星的 4 亿公里，信号衰减约 100 万倍，能够接收到的信号微乎其微。克服远距离障碍，从嘈杂噪声中提取极其微弱的有用信号，建立与探测器的电波联系，是科研工作者必须攻克的难题。

“通过缜密论证，我们决定采用多个地面天线联合工作的方案，通过信号处理，使它们形成一个整体，从而形成具有更优异性能的天线组阵系统。”中国电科首席专家耿虎军说。

千锤百炼方能成钢，风雨过后是彩虹和胜利。经过多年攻关，中国电科制出 4×35 米天线组阵深空测控系统并投入使用，将这个艰巨的任务变成了现实。以单天线作用距离 4 亿公里计算，合成后的系统作用距离超过 8 亿公里，且性能不会下降，为未来我国走向更深远的太空提供了雄厚的测控技术储备。

从太空走向深空，中国探测高度不断刷新

沿着距离轴丈量我国深空测控网的作用距离，月球探测 38 万公里，图塔蒂斯小行星光学成像 700 万公里，火星探测 4 亿公里，但深空探测不止于火星。载人登月、月球科研站、木星以及远天体的探测……我国测控通信技术走向更远的深空，也走向了全面发展的新阶段，促使着中国人迈向“星辰大海”的脚步不断延伸。

从第一代测控体制到如今的第三代“综合化测控体制”，从软件到硬件，从基础元器件到整机、系统的100%国产化自主可控，从“人工操作”到“自动运行”，让“玉兔”在月球背面通过“鹊桥”与地面测控站互致问候，让“天问一号”探测器环绕火星，让“祝融号”在火星表面款款而行。

在每一次的航天发射任务中，中国电科积极发挥测控通信系统主体研制单位作用，在陆、海、天全方位系统布局地面雷达、地面测控站、海上测量船及中继卫星系统，用无形电波张开了一张 100% 全覆盖的测控通信“天罗地网”。

宝剑锋从磨砺出，梅花香自苦寒来。成功来自一代又一代“牧星人”几十年的刻苦攻关。执行航天任务时，技术专家们分赴海内外，在测控站外场长时间驻守，对设备进行维护、升级，不分昼夜，经受戈壁、海浪、异国等种种考验。测控人勇担使命，将为国奉献的无私精神内化于心，交出了一份沉甸甸的“成绩单”。

中国深度，央企构造。面向未来，中国电科在地月光通信、上行天线组阵、下行天线组阵等尖端技术领域持续深耕，继续深入探讨着如何对深空大天线与光通信链路进行融合设计、如何更加高效地汇聚大口径的天线资源，共同接收来自遥远深空的信号……

星空浩渺无垠，探索永无止境。中国电科见证了我国从航天大国不断向航天强国迈进，书写着中国航天的华丽新篇章。

（人民网人民视频　孟琳达　孙丰欣）*

*《深空测控系统：捕捉太空的声音》原载于 http://v.people.cn/n1/2022/1001/c421419-32538587.html.

第五章

中国力度

推动新时代发展的磅礴力量

时间，是标注前进步伐的刻度。十年，在漫漫历史长河中只是“弹指一挥间”，但对于历经艰苦卓绝的探索与努力的中央企业来说，却是一段攻坚克难、挑战极限的奋进历程。

十年来，中国从未停下科技创新的脚步，一个个大国重器、一次次突破创新，让东方巨龙惊艳世界，刷新极限。

扫码听书

坐标中国

中国力度

力挽江河

白鹤滩水电站大坝
承受1650万吨水推力

力牵巨龙

“神24”电力机车
牵引力2280千牛

力锻金刚

8万吨模锻压力机
最大模锻压制力达10万吨

力拔穹顶

SCC52000TM履带起重机
最大起重量3000吨

力探苍穹

长征五号系列火箭
起飞推力约1078吨

—— 中国力度 央企锻造 ——

万钧之力力挽江河，金沙安澜化作绿色引擎

坐落于金沙江干热河谷的白鹤滩水电站，拥有世界首批百万千瓦水轮发电机组，单机容量位居全球第一，装机规模仅次于三峡工程，是我国实施“西电东送”战略、构建清洁低碳安全高效能源体系的国家重大工程，2022 年 6 月下旬全部机组具备并网发电条件。

白鹤滩水电站是实施“西电东送”的国家重大工程，是当今世界在建规模最大、技术难度最高的水电工程。拥有单机容量 100 万千瓦的发电机组，位居全球单机容量世界第一。在 1650 万吨水推力下，电站安全稳定运行。

白鹤滩水电站最大坝高 289 米，相当于 100 层大楼的高度，坝顶弧长 709 米，最窄处宽度仅 14 米。大坝背后是总库容为 206.27 亿立方米的金沙江水库，给予坝体的总水推力达到 1650 万吨。

大坝整体采用混凝土双曲拱坝，坝身在水平与竖直两个方向弯曲成弧线，形成精巧的拱形结构，将巨大水推力传递给两侧的山体，借助山体产生的反作用力保持坝体稳定。工程师们运用巧妙的结构设计，让不对称的大坝每一处受力均匀，使其不仅能够承受巨大水推力，也成为世界上抗震设防标准最高的 300 米级高拱坝，有力地保障了电站安全。

白鹤滩水电站还打破了“无坝不裂”的魔咒。大坝首次全坝应用自主研发的低热水泥混凝土，并在温度控制的理论和技术上实现突破，攻克了大体积混凝土温控防裂这一世界级工程技术难题。

同时，大坝通过预埋在坝体内的上万只传感器，实现对施工全过程的动态感知，帮助工程师们掌握工程性态、提升管理水平，建成无温度裂缝智能大坝，创造了引领世界水电行业发展的坝工奇迹。

已建成投产的白鹤滩水电站，年均发电量约 624.43 亿千瓦时，可满足约 7500 万人一年的生活用电需求，相当于每年可节约标准煤约 1968 万吨，减少二氧化碳排放约 5160 万吨。同时，白鹤滩水电站与长江干流乌东德、溪洛渡、向家坝、三峡、葛洲坝五座电站共同构成世界最大的清洁能源走廊，助力国家实现“双碳”目标，成为推动新时代中国高质量发展的强大绿色引擎。

实力“胖五”力探苍穹，助推航天强国建设再进一步

2016 年 11 月 3 日，“长五火箭”首飞成功，中国由航天大国向航天强国再进一步。

2022 年 7 月 24 日 14 时 22 分，由航天科技集团一院抓总研制的长征五号 B 遥三运载火箭冲上云霄，成功将我国空间站建造阶段首个实验舱，也是我国迄今为止发射的最重载荷——问天实验舱发射至预定轨道。我国空间站建造关键之战取得圆满成功。

长征五号火箭外形巨大，被人们亲切地称作“胖五”，它总长约 57 米，箭体直径 5 米，起飞重量约 870 吨，是我国运载能力最强的火箭，一举将我国现役火箭的运载能力提升了 2.5 倍。

长征五号系列火箭以大幅提升我国自主进入空间能力为出发点，按“通用化、系列化、组合化”和“无毒、无污染、低成本、高可靠、适应性强、安全性好”设计思想，构建了我国新一代大型系列化运载火箭长征五号和长征五号 B 两种构型。

十年来，长征五号、长征五号 B、长征七号、长征八号、长征十一号等一批新一代运载火箭首飞成功，不断壮大的长征火箭家族实现了多个突破，为航天梦注入强大推力。

24 轴机车力牵巨龙，“重载铁路动力之王”稳定能源供应

能源，国之血液；铁路，国之动脉。

为响应新发展格局下的能源需求，国家能源集团不断提高重载铁路的运输能力，与中国中车持续深化现代能源运输产业链建设合作，重载铁路不断增载、加密和稳速，运煤专列运量由原来的五千吨增加到一万吨、两万吨，甚至三万吨。这对列车的牵引能力提出了新的要求，“神 24”电力机车应时而生。

奔驰在崇山峻岭间的“神 24”电力机车，以 28800 千瓦单机最大功率、2280 千牛单机最大牵引力、106 米最长车长、24 轴最多轴数，刷新轨道交通运输牵引动力的四项世界纪录，可在 12‰的坡道上牵引万吨货物列车。

2020 年 7 月 29 日，24 轴电力机车下线；2021 年 6 月 25 日，24 轴机车上线试运行，2022 年 9 月 28 日安全走行 25 万公里，正式上线运行。

24 轴电力机车单机功率 28800 千瓦、牵引力 2280 千牛，它拥有最大单机功率、最大单机牵引力和制动力、最大车长、最多轴数四个世界第一，刷新了轨道交通运输牵引动力的四项世界纪录，被称为“重载铁路动力之王”，为中国工业的快速发展提供着源源不断的能源支撑。

超大功率和超大牵引力的翻倍，使 24 轴机车的设计时速达到每小时 120 公里，并且具备在 12‰的坡道上牵引万吨货物列车的能力。“神 24”无需进行编组、解编作业，可实现对万吨车体的直接连挂和摘挂，大大提高了运输效率。

以 24 轴电力机车为典型代表的重载牵引力，充分运用“互联网 +”、大数据、云计算、人工智能等一系列新的技术，向世界展示了我国重载铁路智能控制、智能养护、智能运输、智能管理的智慧化水平，发挥了国家能源安全供应的“稳定器”作用。

锻压力机力锻金刚，一锻成型锻造中国制造强劲未来

由我国自主设计、制造、安装的 8 万吨模锻压力机，是世界最高等级超大型模锻压力机，它地上 27 米，地下 15 米，有 15 层楼高，自身总重量 2.2 万吨。

2013 年 4 月，由国机集团自主设计、制造、安装的 8 万吨模锻压力机进入试生产阶段。这标志着中国正式成为拥有世界最高等级模锻装备的国家。

在大型模锻件的制造过程中，动力强劲的它，一次锻压锻造即可完成，从而保证了产品外在尺寸完整性和内在性能稳定性。2013 年，8 万吨模锻压力机正式投入试生产，拥有它，航空、航天、海洋、核电、高铁等所需的高端大型模锻件，我们就都可以自主制造……

8 万吨模锻压力机的动力源自深埋地下的泵房。在这里，60 台油泵驱使着 300 吨液压油，在 10 公里长的管路里流动，推动 5 个直径 1.8 米的巨大液压油缸进行压制。这排山倒海的力量，再加上精准精细的控制，让钢铁坯料在它手上，像做月饼一样，一锻成型、一次成功。

履带起重机力拔穹顶，“二合一”智能吊装国之重器

“3000 吨履带起重机 SCC52000TM”是由中国能建广东火电和三一重工合作开发的一款极具特点、满足个性化需求的超大吨位履带起重机。2022 年 4 月，两家企业充分利用广东火电已有的 2 台 2000 吨履带起重机，通过增加横梁、前平台、横节臂、超起配重托盘等部件，改装组合而成一台 3000 吨级的履带起重机。

该起重机是国内首台投产及应用的 3000 吨“二合一”履带起重机，最大起重力矩超 52000 吨米，将为石油化工、核电等行业模块化施工提供又一重要利器。一次吊起 3000 吨是什么概念？相当于 4 万个体重约 150 斤的成年男子，也相当于 2000 辆约 1.5 吨重的小轿车或者 60 万个 10 斤重的西瓜。而且，它既能以 3000 吨的起重量级进行大型吊装作业，还可以根据工况需求，通过修改电控程序，灵活“变身”拆解成独立运转的 2 台 2000 吨履带起重机，大大提升了整车利用率。

2022 年 9 月 25 日，中广核太平岭核电项目 2 号机组的安全壳内穹顶吊装，标志着该机组从土建施工阶段全面转入设备安装阶段。穹顶由中国能建和三一集团联合研发的 3000 吨履带起重机拆分的其中一个 2000 吨履带起重机完成吊装。

相关技术人员介绍，合车而成的 3000 吨起重机，运用独有的运输组装方案，或联合、或分别进行吊装作业，吊载性能和稳定性等作业性能更加强劲，某些典型工况甚至达到了“1+1 ＞ 2”的效果。

中广核广东太平岭核电项目“华龙一号”建设现场

［中广核供图］

北京大兴国际机场
[中国建筑供图]

2020 年 9 月 27 日，由中国铁建重工集团、中铁十四局集团联合研制的“京华号”盾构机在湖南长沙下线。“京华号”整机长 150 米，总重量 4300 吨，最大开挖直径 16.07 米，是当时国产最大直径盾构机，应用了常压换刀、伸缩主驱动、高效大功率泥水环流系统、高精度开挖面气液独立平衡控制等多项核心技术，服役于北京东六环入地改造工程

［中国铁建供图］

中国力度央企锻造，科技创新铸就硬核实力

中国自主三代核电“华龙一号”双层安全壳，内能承受 1.23 兆帕压力，外可抵御大型飞机撞击，可抗九级烈度地震；

“京华号”盾构机，掘进总推力相当于 2 万吨；

北京大兴国际机场，仅用 8 根立柱支撑起巨无霸的屋顶……

从海洋到陆地，从天空到太空，十年来，无数央企人充分发挥引领性作用，扛起“中国制造、中国建造、中国创造”突破创新的历史使命，用厚实的肩膀、扎实的干劲，不断铸就辉煌，营造出一派蓬勃向上的发展气象。

嫦娥、北斗、悟空、天眼、天宫、墨子……科技力量鼓点铿锵，创新硕果不断涌现——过去的这十年，长征五号等一批新一代运载火箭接连首飞成功；C919 大型客机完成首次空中远距离转场飞行，开启多地同步试飞模式；天宫二号已稳定运行 800 多天，获得丰硕空间应用成果。

“上天、入地、下海”，建设者们用不朽的坚持锻造硬核实力，创造出众多“中国之最”“世界之最”。一份份成绩单的背后，都有央企人的身影，他们诠释着中国力度，展现大国华章。翻开全新的一页，他们仍将势不可挡，让中国力度，被世界瞩目。

（环球网　贾剑宇）*

*《“中国力度”，推动新时代发展的磅礴力量》原载于 https://mp.weixin.qq.com/s?__biz=MjM5MDIxNjczNA==&mid=2652828655&idx=1&sn=a38f6ff5989c427284a51b6120a411d5&chksm=bda2749e8ad5fd8831adc02b5777924f4045e2cbade709706fb616ca64802de128d42034c7fb&token=1919244436&lang=zh_CN#rd.

一

力挽江河

承受1650万吨水推力！『白鹤』起舞力挽江河

白鹤滩水电站，位于四川省宁南县和云南省巧家县交界处，是当今世界在建规模最大、技术难度最高的水电工程，最大坝高289米，给予坝体的总水推力达到1650万吨。2021年6月28日，白鹤滩水电站首批机组正式投产发电，标志着我国大型水电工程建设完成从“中国制造”到“中国创造”的历史性跨越。

白鹤滩水电站是党的十八大以来核准并开工建设的千万千瓦级巨型水电工程，拥有世界首批百万千瓦水轮发电机组，单机容量位居全球第一装机规模，仅次于三峡工程，是我国实施“西电东送”战略、构建清洁低碳安全高效能源体系的国家重大工程。2022年7月，全部机组具备并网发电条件。

白鹤滩水电站最大坝高289米，相当于103层大楼的高度。坝顶弧长709米，最窄处的宽度仅有14米。精巧大坝的背后是总库容为206.27亿立方米的金沙江巨大水库，其给予坝体的总水推力达到了1650万吨，与15000多个长征五号火箭的起飞推力不相上下。

扫码看视频

力挽江河

Li Wan Jiang He

白鹤滩水电站是实施“西电东送”的国家重大工程

是当今世界在建规模最大、技术难度最高的水电工程

电站装机容量1600万千瓦，多年平均发电量约624.43亿千瓦时

在**1650万吨**水推力下，电站安全稳定运行

双曲守护长江安澜

白鹤滩水电站大坝整体采用混凝土双曲拱坝，坝身在水平与竖直两个方向都弯曲成弧线，形成精巧的拱形结构，将巨大水推力传递给两侧的山体，借助山体产生的反作用力保持坝体稳定。

白鹤滩坝址两岸地形不对称，大坝体型也是不对称，工程师们运用巧妙的结构设计让不对称的大坝每一处都受力均匀，使其不仅能够承载巨大的水推力，也成为世界上抗震设防标准最高的300米级高坝，有力地确保水库安全、护卫长江安澜。

白鹤滩水电站位于四川省宁南县和云南省巧家县交界的金沙江下游干流河段上，是实施“西电东送”国家重大工程，是当今世界在建规模最大、技术难度最高的水电工程

[中国三峡集团供图]

智能预埋创造奇迹

为确保白鹤滩水电站安全稳定运行，就必须攻克大体积混凝土温控防裂这一世界级工程难题。大坝首次全坝应用自主研发的低热水泥混凝土，并在温度控制的理论和技术上实现突破。

同时，大坝全面应用智能建造技术，通过预埋在拱坝体内的上万只传感器，实现对施工全过程的动态感知，帮助工程师们掌握工程性态、提升管理水平，成功建成无缝智能大坝，创造了引领世界水电发展的坝工奇迹。

白鹤滩水电站左岸地下厂房全景

[中国三峡集团供图]

运转中的白鹤滩水电站

［中国三峡集团供图］

协同赋能美好生活

2021 年 6 月 28 日，白鹤滩水电站首批机组正式投产发电，标志着我国大型水电工程建设完成从“中国制造”到“中国创造”的历史性跨越。

已建成投产的白鹤滩水电站年均发电量约 624.43 亿千瓦时，能够满足约 7500 万人一年的生活用电需求，每年可节约标准煤约 1968 万吨，减少二氧化碳排放约 5160 万吨。

同时，白鹤滩水电站与长江干流乌东德、溪洛渡、向家坝、三峡、葛洲坝五座电站共同构成世界最大的清洁能源走廊，助力国家“双碳”目标，成为推动新时代中国高质量发展的强大绿色引擎。

白鹤滩水电站用源源不断的清洁电能点亮万家灯火。巍巍大坝，它不仅承载着巨大的水推力，还承载着中国水电人造福人民的不懈追求，承载着中国经济社会全面绿色转型发展的磅礴力量。

（国资小新）

二

力牵巨龙

『重载铁路动力之王』

力牵巨龙

2020 年 7 月 29 日下线的全球最大牵引力电力机车“神 24”，拥有最大单机功率、最大单机牵引力和制动力、最大车长、最多轴数四个世界第一，刷新了轨道交通装备动力的世界纪录，是名副其实的国之重器。集“互联网 +”、大数据、云计算、人工智能等一系列新技术于一身的“神 24”，向世界展示了我国重载铁路智能控制、智能养护、智能运输、智能管理的智慧化水平，发挥了国家能源安全供应的“稳定器”作用。

扫码看视频

力牵巨龙

力度 Li Qian Ju Long

『神24』电力机车以24轴最多轴数

28800千瓦最大单机功率

2280千牛单机最大牵引力

106米最长车长

刷新轨道交通运输牵引动力的四项世界纪录

全球首台24轴**最大**单机功率电力机车

能源，国之血液；铁路，国之动脉。

这是中国西煤东运的第二条大通道，沟壑纵横的黄土高原上，全长2408公里的路网从漠北荒原一路向南，跨黄河、越沙漠，国家能源集团的运煤专列穿梭其中，为中国工业的快速发展提供着源源不断的能源支撑，同时，又创造了许多“世界第一”。

为响应新发展格局下的能源需求，国家能源集团以安全、绿色、高效、智能体系建设为目标，不断提高重载铁路的运输能力，与中国中车持续深化现代能源运输产业链建设合作。

2020年7月29日，坐拥四项全球之最、被誉为“重载铁路动力之王”的24轴电力机车下线。

2021年6月25日，24轴电力机车上线试运行。

2022年9月28日，24轴电力机车安全走行超25万公里正式上线运营。

24轴机车正式上线运营

［国家能源集团供图］

连刷四项纪录，成就“重载铁路动力之王”

国家能源需求不断增长，重载铁路不断增载、加密和稳速，在此背景下，国家能源集团运煤专列载重由 5000 吨增加到 1 万吨、2 万吨甚至 3 万吨，这对列车的牵引能力提出了新的要求。“神 24”应时而生。

24 轴电力机车全车长 106 米，24 轴，单机最大功率 2880 千瓦，牵引力 2280 千牛，拥有最大单机功率、最大单机牵引力和制动力、最大车长、最多轴数四个世界第一。

“神 24”刷新了轨道交通运输牵引动力的四项世界纪录，被称为“重载铁路动力之王”。

一年试运行，24 轴电力机车完成 38 项技术升级、改造，牵引万吨重载列车 545 列，运输货物 460 万吨。

24 轴机车牵引万吨列车运行在西煤东运的铁路上

[国家能源集团供图]

“大块头”也可以灵活又智慧

这个“力大无比”的家伙不仅“有劲”，还有灵活的身形和聪明的大脑。机车首创自适应配置网侧电路等控制技术，可实现 16 轴、20 轴和 24 轴灵活编组，满足不同线路的牵引需求。

同时，“神 24”还具备自动唤醒、起车、调速、停车功能及感知、故障智能识别功能，实现智能驾驶和智能运维的双智能化，是大数据、云计算、人工智能等前沿科技成果的运用和实践。

工作效率升 3 倍，年运能提高 2500 万吨

超大功率和超大牵引力的翻倍，使 24 轴电力机车的设计时速达到每小时 120 公里，并具备在 12‰的大长坡道上单机牵引 10800 吨列车的能力，同时无需进行编组、解编作业，可实现对万吨车体的直接连挂和摘挂。

24 轴机车准备挂车

［国家能源集团供图］

24 轴机车在库内整备

［国家能源集团供图］

单机牵引模式，只需配备 1 组乘务员，实现工作效率 3 倍提升，预计年运能可提高 2500 万吨。

一袭蓝衣穿行在崇山峻岭间，牵引着能源巨龙一路向东，以“神 24”为典型代表的重载机车充分运用“互联网 +”、大数据、云计算、人工智能等一系列新技术，向世界展示了我国重载铁路智能控制、智能养护、智能运输、智能管理的智慧化水平，发挥了国家能源安全供应“稳定器”的作用。

（国资小新）

三

力锻金刚

8万吨模锻压力机力锻金刚

大型模锻压力机，象征重工业实力的国宝级战略装备。2013 年，中国成功自主设计制造出 8 万吨模锻压力机，一举打破了苏联 7.5 万吨模锻液压机保持 51 年的世界纪录，拉开了中国航空制造装备赶超世界先进水平的序幕。这个钢铁巨无霸能做些什么？又该如何精准地控制它？

扫码看视频

力锻金刚

Li Duan Jin Gang

8万吨模锻压力机

地上27米，地下15米，重2.2万吨

锻造大飞机钢筋铁骨

当之无愧的『国之重器』

是世界**最高**等级模锻装备

高端大型模锻件实现自主制造

在四川德阳国机集团的模锻厂房内，有15层楼高、自身总重量达2.2万吨、最大压制力达10万吨的8万吨模锻压力机傲然挺立。

2013年4月，由国机集团自主设计、制造、安装的8万吨模锻压力机进入试生产阶段，这标志着中国正式成为拥有世界最高等级模锻装备的国家。有了这个“钢铁巨无霸”，航空、航天、海洋、核电、高铁等所需的高端大型模锻件就都可以实现自主制造。

它的存在使我国航空航天大型模锻件实现了自给自足，为我国航空航天模锻件自主创新提供了研发平台，已经成为助推航空航天装备飞跃发展必不可少的基础装备。

2013年4月，由国机集团自主设计、制造、安装的8万吨模锻压力机进入试生产阶段

［国机集团供图］

8万吨模锻压力机的动力来自哪里?

目前，国外的模锻压机往往由于力量不够，在大型模锻件的制造过程中需要经过反复加热锻压两到三轮才能完成。而8万吨模锻压力机动力强劲一次锻压锻造即可完成，还能保证产品外在尺寸的完整性和内在性能的稳定性。

如此强劲的动力来源于哪里？秘密就来自深埋地下的泵房。60台油泵驱使着300吨液压油在10公里长的管路里流动，推动5个直径1.8米的巨大液压油缸进行压制。这排山倒海的力量再加上精准精细的控制，让钢铁坯料在它手上像做月饼一样，一锻成型，一次成功。

8万吨模锻压力机工作场景

［国机集团供图］

国机集团研发团队在讨论工作

[国机集团供图]

如何精准地控制这样巨大的力量？

万钧之力，必作于细。在大型模锻件锻造成型过程中，必须开展大量的模拟和计算，以科学的数据为支撑，丰富的实战经验为基础，这样才能做到精准控制，保证产品精确成型。

在国产 C919 大飞机航空模锻件产品制造中，国机集团研发团队在 2500 多个日日夜夜中，画了上千张图纸，开展了几百次模拟、预制，以及工艺迭代优化工作，先后进行多款产品试制，最终攻克了 10 余项关键核心技术，填补了多项国内空白，成功锻造出 C919 飞机主起落架关键模锻件。我国大飞机高端模锻件制造领域取得突破性进展。

大国重器，极限制造。8 万吨模锻压力机将继续发挥“威力”，用中国力度为“中国智造”锻造更加强劲的未来！

（国资小新）

四

力拔穹顶

3000 吨吊装『巨无霸』力拔穹顶

SCC52000TM 是由中国能建广东火电和三一集团共同研发，于2022年4月28日成功下线的国内首台“二合一”3000吨履带起重机。2022年9月25日，该起重机完成了广东太平岭核电项目“华龙一号”核电机组225吨穹顶毫米级精准吊装，为“国之重器”贡献硬核的重工之力。如何实现核电穹顶吊装？拥有千钧之力的吊装“巨无霸”如何变形合体？

扫码看视频

力拔穹顶
Li Ba Qiong Ding
70米高空，成功完成
「华龙一号」255吨穹顶吊装
国内首台「二合一」3000吨履带起重机

重达十几吨的大型风机叶片高高矗立，随风轻舞，几十吨重的盾构机刀盘掘进地下城，见证“基建狂魔”的蓬勃力量，几百吨的核电穹顶张开巨大的伞形“保护罩”，护佑核电安全……

这些关系国计民生的“巨无霸”顺利吊装的背后都隐藏着一个“超级装备”——超大吨位起重机。

千钧之力有多重？

这台 3000 吨履带起重机由 1 台 1600 吨升级为 2000 吨，再与另一台 2000 吨履带起重机“二合一”改装“合体”而成，最大起重量达 3000 吨。

该起重机最长起重臂 216 米（主臂 108 米 + 副臂 108 米），相当于约 7 个水立方叠加的高度; 履带架长 17 米，相当于 6 层楼高; 双臂展开占地 1600 平方米，相当于 5 个篮球场大小。

一次吊起 3000 吨是什么概念?

3000 吨等于 600 万斤，相当于 2000 辆约 1.5 吨重的小轿车。千吨之重的吊装背后必然有千钧之力，3000 吨履带起重机是当之无愧的“巨无霸”。

如何实现百吨核电穹顶的毫米级精准吊装？

穹顶是核电站安全的重要屏障，是保证反应堆厂房完整性和密封性、实现固有安全的重要组成部分。

2022 年 9 月 25 日，3000 吨履带起重机拆分后，其中一台 2000 吨履带起重机完成粤港澳大湾区首座“华龙一号”三代核电技术电站——中广核太平岭核电项目 2 号机组的安全壳内穹顶吊装。

该穹顶重达 225.8 吨，是一个直径 45 米、高 13.7 米的双曲面半球体，面积相当于 4 个篮球场。要把这么一个“大家伙”吊到 70 米高空后，平稳控制落在约 45 米高的核岛筒体上，并且偏差控制要在毫米级别，同时还要考虑风力影响下的偏摆，温度变化下的热胀冷缩，这是一个很大的挑战。

3000 吨履带起重机 SCC52000TM 荷载试验

［中国能建供图］

为保障穹顶吊装万无一失，吊装技术人员对吊装过程进行了多次 BIM 等智能核电建造技术模拟计算，同时在吊装前对天气状况密切监测，进行模拟演练、应急演练、穹顶试吊等。在 2 个小时的吊装过程中，精度均控制在毫米级别。

2022 年 9 月 25 日，2000 吨履带起重机完成中广核惠州太平岭核电项目 2 号机组穹顶吊装

［中国能建供图］

“钢铁”双子星如何变形合体?

这台钢铁铸就的吊装“巨无霸”，“合体”过程也并不复杂，只要上车增加两个横梁、纵梁，下车增加前平台等主受力部件，再通过模块化的组装将两台起重车的桅杆、主臂及副臂“合二为一”组成一体，就成功“合体”了。其中1台起重车作为主机，另一台起重车提供动力源，1个驾驶员就能操控。

更巧妙的是，它既能以3000吨的量级“出马”，也能“变身”拆解成独立运转的2台起重机。某些典型工况，甚至达到了“1+1 > 2”的效果。

此外，它还搭载了全方位可视化智能操作和智能故障诊断系统，同时配置无线遥控，行走、提升、回转等一系列高精度动作都能用无线遥控实现，真正地让“大块头”有“大智慧”。

中国超重型履带式起重机从无到有、从小到大、从完全进口到世界领先的历程，充分展现了“中国制造”的硬核实力，也是中国高速发展的缩影。

（国资小新）

五

力探苍穹

大推力运载火箭助推中国航天梦

2016年11月3日，长征五号运载火箭首飞成功，标志着中国由航天大国向航天强国迈出了重要一步。作为进入太空的运载工具，运载火箭是一切太空活动的前提和基础，也决定着载人航天工程的高度。“运载火箭的能力有多大，中国航天发展的舞台就有多大”，纵观六十多年的发展，特别是近十年，长征火箭家族不断壮大、不断跨越。

扫码看视频

力探苍穹

li Tan Cang Qiong

长征五号火箭，总长约57米，箭体直径达5米，起飞重量约870吨，起飞推力超过1000吨，是我国运载能力最强的火箭。

将中国现役火箭的运载能力提升2.5倍

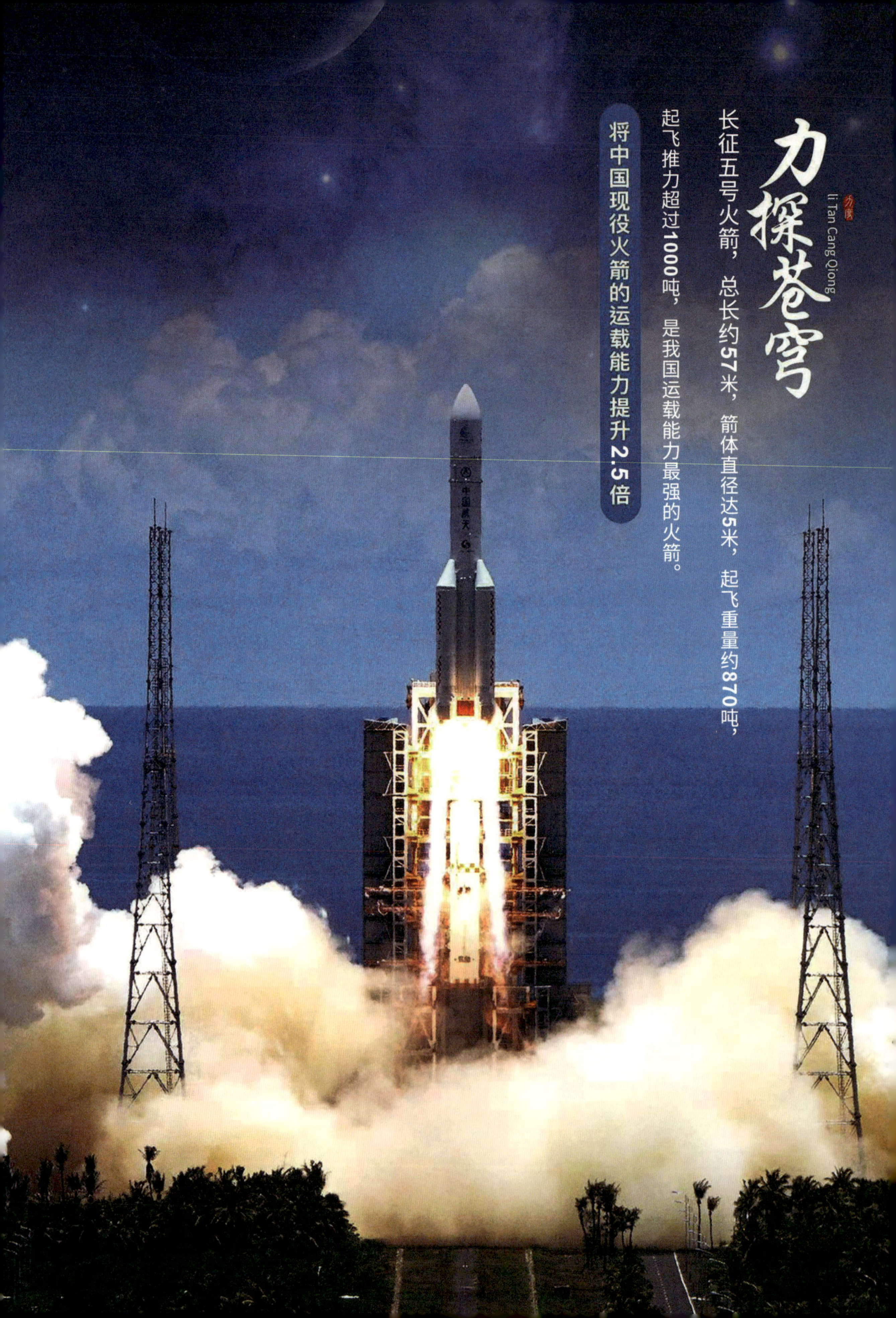

将我国现役火箭运载能力提升 2.5 倍

长征五号火箭总长约 57 米，箭体直径达到 5 米，起飞重量约 870 吨，被大家亲切地称作“胖五”。

作为我国运载能力最强的火箭，长征五号火箭起飞推力超过 1000 吨，将我国现役火箭运载能力提升了 2.5 倍。

重要性能指标均居世界前列

长征五号系列火箭以大幅提升我国自主进入空间能力为出发点，按“通用化、系列化、组合化”“无毒、无污染、低成本、高可靠、适应性强、安全性好”的设计思想，构建了我国新一代大型系列化运载火箭长征五号和长征五号 B 两种构型。

长征五号 B 运载火箭

［航天科技供图］

长征五号 B 运载火箭

［航天科技供图］

长征五号首次采用 5 米大直径箭体结构全新活动发射平台，三型高性能环保型火箭发动机等 12 大类 247 项关键技术，新技术比例 92% 以上，运载能力、运载效率等重要性能指标均居世界前列。

为实现航天梦提供强大推动力

十年来，火箭人一路勇往直前，自主创新超越，有力支撑了中国航天不断向更强、更远、更快、更精、更广、更深拓展。

十年来，不断壮大的长征火箭家族实现了多个突破，为实现航天梦提供强大的推动力，打造出世界顶级的中国力度。

探索浩瀚宇宙，建设航天强国，未来中国还将拥有运载能力更大的火箭，带着中国人对宇宙的向往进入更深更远的太空。

（国资小新）

第六章

中国速度

挑战极限驱动发展『快车』

时间是丈量万物的尺度，速度是刻画时间的绳墨。

走过又一个日新月异的十年，新时代的中国速度不断刷新：高速磁浮列车时速 600 公里“贴地飞行”，“基建狂魔”一夜拆除 589 米长的立交桥，煤矿采掘重器“煤海蛟龙”掘出世界纪录，救援神器中流击水屡创极速，算力网络加速构造数字经济生活底座……

“只争朝夕”是中国建设者们对速度的注解，从跟跑、并跑到领跑，中国速度在世界掀起“中国效率”的旋风。

中国速度

扫码听书

增速！支撑起“流动的中国”

中国列车可能实现的最快速度有多快？答案是：时速 600 公里。

2017 年 9 月 21 日，“复兴号”以 350 公里时速正式运营，中国成为世界上高铁商业运营速度最高的国家。2022 年 4 月，新型复兴号高速综合检测列车上线运行，在世界上首次成功实现单列时速 435 公里、相对时速 870 公里的明线交会和单列时速 403 公里、相对时速 806 公里的隧道交会。

时速更快的——2021 年 7 月 20 日，中国自主研发的设计时速达 600 公里的高速磁浮交通系统成功下线。悬浮在轨道上以如此高的速度行驶，带来仿佛“飞起来”的感觉，因而有了“贴地飞行”之称。

时速达到 600 公里，跨越的不仅仅是速度等级的门槛，运行功率、加速能力、制动能力、抗噪能力、应对气动压力等控制策略全部需要创新设计。

以中国中车为主体，聚合国内高铁列车、磁浮领域顶级资源，联合高校院所和企业协同攻关，展开牵引系统、信号系统、控制系统之间的大匹配以及车、地、轨之间的联动设计，抽丝剥茧，一点点啃下了高速磁浮的“硬骨头”。

汽笛声声破苍穹，“乘奔御风”的梦想化作“日行千里”的现实，中国出行速度支架起“流动的中国”，活力四射开启新征程。

提效！征服“不可能”的工程

一座 589 米长的四车道立交桥拆掉需要多久？中铁四局的答案是：8 小时。

200 余台挖掘机科学配置同时作业，在桥两侧一字排开伸出长臂，就如一只只蚂蚁，努力啃食钢筋水泥。晚上 9 点左右开始拆除，次日早晨 5 点拆除完毕。2017 年 6 月 30 日至 7 月 1 日的夜间，江西南昌“服役”了 25 年、长达 589 米的龙王庙立交桥被整体拆除，“一夜消失”，记录全过程的视频随后刷屏国内外网络。

鼙鼓阵阵，这样的基建“超级工程”与“超级速度”在中国各地比比皆是。

82 分钟！2020 年 8 月 21 日凌晨，在重庆北碚区龙坪，5 座全长 383.5 米、总重达 21500 吨的大跨度混凝土梁式桥梁，在确保三条繁忙铁路正常运营的前提下，完成 88 度转体“完美牵手”，中建隧道等“导演”的五桥同转的“空中芭蕾”刷新了多项世界纪录。

38 天！2019 年 9 月 6 日，厦门后溪长途汽车站主站房平移工程成功挑战“建筑物平移弧度最长”吉尼斯世界纪录。中建集团让 3 万吨的客运站“走起来”平移 288 米，还来了个 90 度潇洒转身，实现“最牛搬家”。

……

以不断创新的科技为引领，以不断增强的工艺为动力，以不断完善的产业为支撑，以不断提效的审批为保障。如今，众多看似浩大的基建工程，朝菌蟪蛄亦可知其始终。

中建集团重庆市快速路二横线西段项目实现世界首例“五桥同转”

［中国建筑供图］

领跑！端牢能源的饭碗

当下，煤矿采掘速度的世界纪录是多少？中国煤炭科工集团给出的答案是：大断面单巷月掘进 3088 米。

能源是人类文明进步的基础和动力，攸关国计民生和国家安全。面对富煤、贫油、少气的国情，作为中国能源安全的“压舱石”，煤炭如何更好地发挥“光与热”？

巷道掘进作为煤炭开采的先行基础工程，约占煤矿井下采掘工程量的 70%~80%。而中国每年新掘巷道 13000 公里，位居世界第一。面对如此巨大的工程量，中国煤炭科工集团成功研制了世界首套掘支运一体化快速掘进系统。

掘支运一体化快速掘进系统，革新了以单台掘进机施工为代表的单一掘进模式，彻底解决了煤巷掘进、支护、运输不能平行作业的世界级难题，解放了煤炭工人的双手，大大提高了安全性与工作效率。只需要几位作业人员在安全位置操作、按下几个按钮，机器就能掘进，工作量达到了原来的 3~4 倍，作业人员也减少了 2/3。

2014 年 8 月，在稳定围岩条件下，第一代掘支运一体化快速掘进系统在神东煤炭集团大柳塔煤矿月掘进 3088 米，创造了大断面单巷掘进世界纪录，是煤矿平均掘进速度的 10 倍以上。

科研的脚步从不停止。2018 年，第二代掘支运一体化快速掘进系统研发成功，适用范围拓展到中等稳定围岩及较复杂地质条件；2020 年，第三代智能掘支运一体化快速掘进系统应运而生，并于 2022 年 3 月，在复杂围岩地质条件下，创下了月进尺 856 米的掘进纪录；2022 年 5 月，在中等稳定围岩地质条件下创下月进尺 2086 米新纪录。

掘支运一体化快速掘进系统开启了煤巷掘进的全新模式，实现了中国巷道掘进技术与装备从“跟跑”到“并跑”再到目前“领跑”的转变。先进的煤炭开采技术，有效保障了中国煤炭资源稳定供应，将能源的饭碗牢牢端在自己手中。

神速！逆行救援架起“生命之舟”

突发灾难，桥梁遇损坏、道路被冲毁，想要运送设备或人员，抢通抢建需要多长时间？中国安能的答案是：运用应急机械化桥最快能在 10 多分钟搭设完毕。

争分夺秒救人，全力以赴抢险。中国救援队伍从未向大自然的力量低头，持续加大关键技术攻关和关键装备研发力度，更新十年，中国救援装备已大不同。

2016 年，被誉为“救援航母”的动力舟桥首次投入使用，能抵抗较大流速的水流冲击，最多可运载 500 人及约 7 辆公交车的重型装备和车辆，每台可按 10.8 公里 / 小时的速度，实现快速水上机动，有效解决涉水抢险难题。

从人工装填沙袋，到砂石自动装袋机；从冒着生命危险驾驶装备开辟生命通道，到无人遥控智能挖掘机；从笨重的工程作业机械，到多功能、轻便化的应急救援装备……科技抢险利器的广泛应用，让救援队伍如虎添翼。

2021 年 7 月，河南省新乡市中北部遭受大暴雨、特大暴雨，风雨中架起“生命之舟”，动力舟桥等装备齐上阵，经过近 4 个小时的持续救援，1400 余名被困群众全部成功转移；2022 年 8 月，硬实力与新科技集结，鏖战 6 天，打赢惊心动魄的辽宁绕阳河溃口封堵战……“人民至上”，每一次极速救援都全力以赴，是承诺更是本色。

加速！筑牢数字经济底座

现在，中国的算力速度有多快？答案是：每秒 15000 京次浮点运算。

从“要想富，先修路”到“想发展，投算力”。走过火电时代，算力成为新时代驱动经济社会数字化转型的新引擎。

2012—2021 年，中国数字经济规模从 11 万亿元增长到超 45 万亿元，数字经济占 GDP 比重由 21.6% 提升至 39.8%。作为数字经济的底座，近五年中国算力产业规模快速增长，平均增速超过 30%。截至 2022 年 6 月底，中国算力总规模超过 150EFlops(每秒 15000 京次浮点运算次数)，排名全球第二。

算力的需求还在剧增，如何让用户像用电一样使用算力服务？2022 年 2 月，中国“东数西算”工程正式全面启动，成为一条打通东西部经济社会发展的“数动脉”。作为算力基础设施和骨干传输网络的建设者，电信运营商成为打造算力网络的主力军。

如今，“算网大脑”智能化调度算力，中国电信以“计算 + 连接”深度融合的方式，组成了算力传输的“高速路网”。“汽车以 80 公里时速，无感通过收费站”“1 分钟内 300 次的汽车仿真碰撞试验”……中国算力以难以想象的速度，从看不见的地方延伸到看得见的远方，让实体经济和人们生活乘“云”而上。

回望十年，创新驱动发展，跬步积成千里。中国速度，央企创造。中国建设者们以愈发先进的科技装备，以大幅提升的效率，以源远流长的团结精神、以奋勇争先的姿态，一路披荆斩棘，以中国速度奔向心目中的星辰大海。

（中国新闻网　左宇坤　左雨晴）*

*《中国速度，挑战极限驱动发展“快车”》原载于 http://www.chinanews.com.cn/cj/2022/10-07/9867710.shtml.

一

超铁绝尘

出行『贴地飞行』，城市间『闪至』将成现实

2022 年 9 月，在德国柏林国际轨道交通技术展览会上，中国拥有完全自主知识产权的高速磁浮交通系统一经亮相，就吸引了全球目光。这套设计时速达 600 公里的高速磁浮交通系统，其研发问世攻克了一系列技术难关，同时也将引领“贴地飞行”的时代到来。

扫码看视频

超轶绝尘

Chao Yi Jue Chen

时速**600**公里高速磁浮交通系统，可填补高铁和航空间旅行速度空白，完善我国综合立体交通网。大约**2000**公里的距离，**4**小时实现通达。

目前可实现的速度最快的地面大型交通工具

跨越百年，速度最快地面交通工具来了！

1922 年，德国工程师赫尔曼·肯佩尔从列车受到的很大阻力来自车轮与轮轨摩擦这一原理中得到启发，想到：若列车悬浮于轨道之上，不就跑得更快吗?

12 年后，赫尔曼获得了世界第一项磁悬浮技术专利，但彼时的中国尚处于积贫积弱、内忧外患的苦难深渊中，轨道交通发展远远落后于发达国家……

时光跨越百年，2021 年 7 月 20 日，时速 600 公里的高速磁悬浮交通系统正式在青岛下线，这也成了当前可实现的速度最快的地面交通工具。

一年多以后，2022 年 9 月，在有着轨道交通行业“奥运会”之称的德国柏林国际轨道交通技术展览会上，中国高速磁浮交通系统首次在欧洲亮相，引起“围观”。

“磁浮交通系统在舒适度、速度、安全性等方面都是很有优势的。”有展会观众接受媒体采访时这样说。

这套时速 600 公里的高速磁浮交通系统也标志着我国掌握了高速磁浮成套技术和工程化能力。按“门到门”实际旅行时间计算，这是 1500 公里运程范围内最快捷的交通模式，“贴地飞行”将成为现实。

攻坚克难，研发按下“快进键”

作为国际尖端技术，高速磁浮是世界轨道交通领域的一大“制高点”，是全球交通科技竞争的战略高地。此前，多个国家沿用不同技术路线进行了长期持续研发，并建成或规划了试验及运营线路。

21 世纪初，中国开始把眼光聚焦于这个交通新模式。2002 年 12 月 31 日，中德联合建设、采用常导技术建成的上海高速磁浮示范线通车 (2006 年 4 月正式运营)，这是世界首条商业化运营的磁浮示范线，最高运行时速 430 公里。

基于这条示范线，中国开展了常导技术的长期自主创新和技术积累。

然而，从时速 400 公里提升到时速 600 公里，跨越的不仅仅是速度等级的门槛。让磁浮列车悬浮于轨道上，稳定悬浮在轨道上的间隙却只有 10 毫米，而以时速 600 公里“贴地飞行”时，空气和线路等因素的激扰，给整个系统带来了极严苛的挑战。

安全问题也摆在面前：时速 600 公里的磁浮交通投入运营，可能有上百组列车的相互追踪，怎么进行安全设计、协同调度？抱轨系统没有桥梁通道，一旦发生故障，乘客如何逃生？高速运行中的列车遇到突发状况，如何安全地快速停车？等等。

如何破解这一系列技术难题？

“失败 100 次也要再尝试 101 次，这是对我们自己的尊重。”研发团队立下了这样的志向。

为了让列车“浮得稳”，研发团队进行了封闭式攻关。在长达 13 个月的时间里，团队成员吃住在现场，平均每天工作 14 个小时，前后试验 4000 多次，终于拨云见日，研发出了高精度、高稳定性悬浮导向系统。

此外，这套高速磁浮交通系统还配备了故障预测与健康管理系统及灾害预警方案，可实现自动驾驶、实时监测、自动预警、远程决策的一体化综合智能方案。

功夫不负有心人。2019 年 5 月，高速磁浮试验样车问世；2020 年 6 月，试验样车成功试跑，开展了多种工况下的动态运行试验；2021 年 7 月，高速磁浮成套工程化系统正式下线……近年来，高速磁浮的研发就像按下了“快进键”一般，一路披荆斩棘。

最终，下线的高速磁浮采用成熟可靠的常导技术，构建了包含车辆、牵引供电、运控通信、线路轨道在内的全系统仿真、试验平台，搭建了从核心零部件、关键系统到系统集成的国产化产业链。

填补空白，城市间“闪至”不是梦

中国为什么要做高速磁浮？它究竟会为我们的生活带来怎样的改变？

众所周知，中国地域辽阔、人口众多，经济飞速发展带动了大量的客流、货流和快速通勤需求。当下，伴随经济发展需求，人们对距离在 1000~2000 公里之间的出行时间期望一般在 4 个小时以内，这就迫切需要发展更高速度的大运量绿色交通工具。

时速 600 公里高速磁浮交通系统“贴地飞行”
[中国中车集团供图]

时速600公里高速磁浮交通系统恰好可填补高铁和航空运输之间的速度空白，形成包括航空、高铁、高速磁浮和城市交通在内，速度梯度更加合理、高效、灵活的多维交通架构，完善我国综合立体交通网。

高速磁浮列车具备很强的加减速能力，时速从0加速至600公里，大约需要22~23公里，加速时间只需3分半钟；时速从600公里减速至0，大约需要15~16公里，减速时间约3分钟。

以京沪高铁线路为例，从北京到上海现行高铁最快用时4小时18分钟。如果采用高速磁浮列车，从北京至上海仅需2.5~3小时，京津雄、珠三角这些区域则能20分钟“闪至”。

放眼未来，“贴地飞行”的时代正向我们走来。近年来，高速磁浮的交通网规划已经被写进政策文件中。

2021年2月，中共中央、国务院印发了《国家综合立体交通网规划纲要》。其中提出，我国将建设4大国际性综合交通枢纽集群，分别是京津冀、长三角、粤港澳大湾区和成渝地区双城经济圈。与此同时，文件还提到要“研究推进超大城市间高速磁悬浮通道布局和试验线路建设”。

同年3月，交通运输部发布《关于下达2021年交通运输战略规划政策项目计划的通知》，其中也明确提出“计划开展京沪磁悬浮高速铁路工程研究”。

在不久的将来，更多普通民众将可能享受到高速磁浮所带来的快捷、便利。而随着城市间“闪至”变为现实，区域经济发展也将一同按下“加速键”。

（中国新闻网　张尼　葛成）*

---

*《出行“贴地飞行”，城市间“闪至”将成现实》原载于 http://www.chinanews.com.cn/cj/2022/10-08/9868169.shtml.

二 煤海蛟龙

『掘速之极』，『煤海蛟龙』掘出能源保障线

一提起“煤矿采掘”，很多人脑海中很自然就会浮现出满脸煤灰的矿工形象。

但你或许想象不到，如今的煤矿工人不仅不需要出大力、流大汗的人力挖煤，还用上了我国完全拥有自主知识产权的“采掘神器”，只需要几位工人站在安全位置操作、按下几个按钮，机器就能自动采掘，工作量还达到了原来的 3~4 倍。

扫码看视频

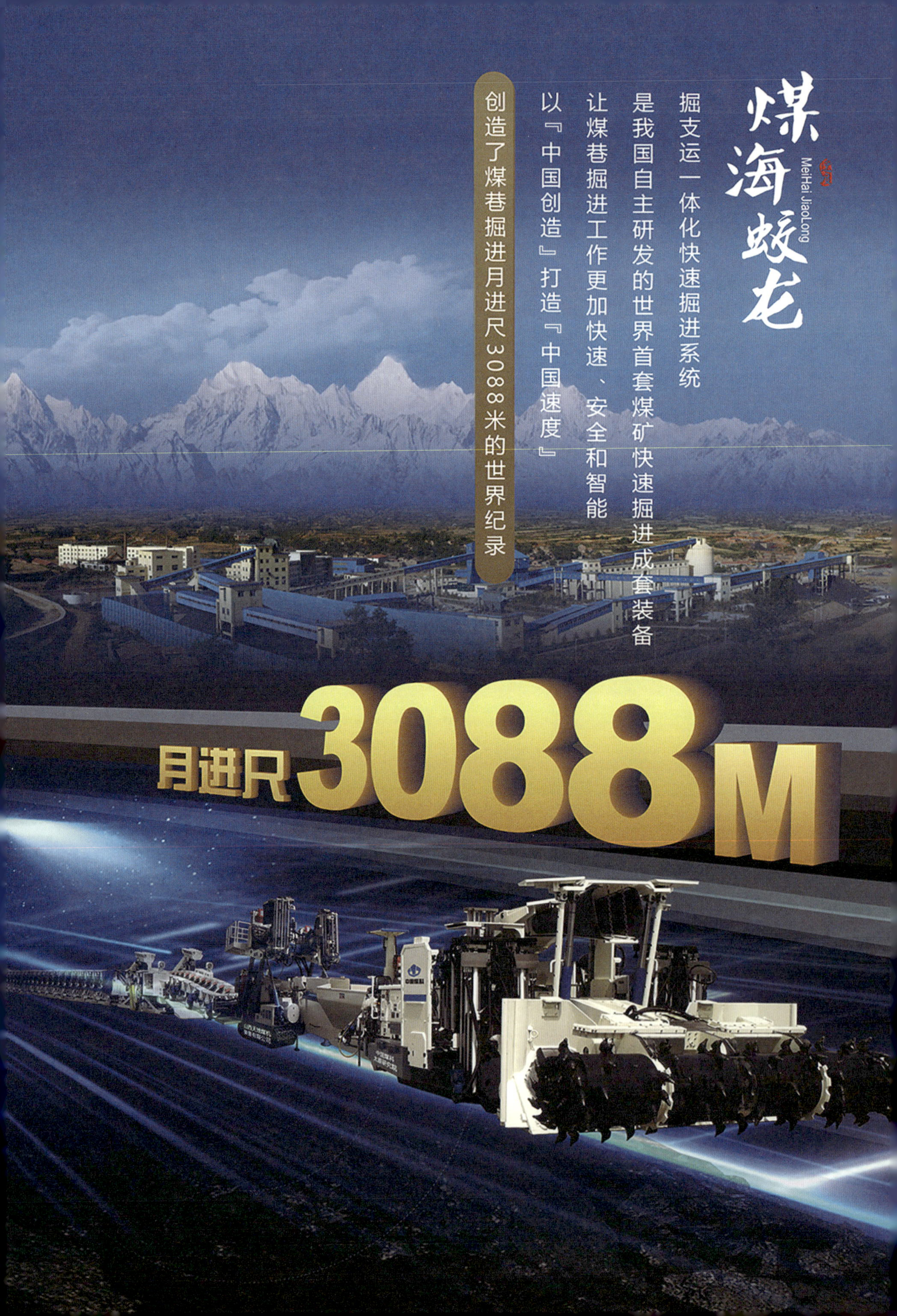
煤海蛟龙
MeiHai JiaoLong
掘支运一体化快速掘进系统
是我国自主研发的世界首套煤矿快速掘进成套装备
让煤巷掘进工作更加快速、安全和智能
以『中国创造』打造『中国速度』
创造了煤巷掘进月进尺3088米的世界纪录
月进尺3088M

这件“采掘神器”是什么？

这里所说的“采掘神器”，指的是掘支运一体化快速掘进系统。根据不同地质条件配套，整个系统最长可达 200 多米，重量高达 230 多吨。

中国煤炭科工集团首席科学家、快速掘进系统总设计师王虹称之为“煤海蛟龙”。该系统由掘锚一体机、锚杆转载机、柔性连续运输系统和协同控制平台等部分组成。

其中，可伸缩的巨大的滚筒是它的利齿，负责挖掘；前方的旋转刀盘好似“巨龙”的舌头，把割下来的煤块源源不断地拨到嘴里，而龙的脊椎和顶部、侧面的龙爪负责支护，龙的身体则负责运输。

就这样，整个系统完成了从采掘到支护再到运输的一整套工作。

快速掘进系统

[中国煤炭科工供图]

掘锚一体机

［中国煤炭科工供图］

为何能称为“煤海蛟龙”？

和今天的先进技术相比，传统掘进技术工序繁多，技术水平低，造成采掘比例严重失衡，每月平均进尺仅约 180 米，再加上工作面水、瓦斯、顶板、粉尘等严重威胁人员与装备的安全。

一直以来，国内外未形成掘进、支护、运输平行作业的掘进作业线，掘进更是成为煤炭安全绿色高效开采的短板。掘进、支护、运输不能平行作业，堪称“世界级难题”。

王虹直言，针对这样的问题，2012 年，中国煤科便提出了“快速掘进”的构想。

2013 年，第一代掘支运一体化快速掘进系统 1.0 同时也是世界首套快速掘进系统在神东煤炭集团投入工业性试验。2018 年，第二代掘支运一体化快速掘进系统 2.0，实现系统设备系列化和模块化，系统适用范围拓展到中等稳定围岩及较复杂地质条件。2020 年，第三代智能掘支运一体化快速掘进系统 3.0 应运而生，可靠性、安全性和智能化进一步得到提升。

研发过程中，科研人员提出了“掘支运三位一体”掘进方法，将原本各自分离的掘进、支护、运输工作结合一体，成功开发了掘支运一体化快速掘进成套技术、工艺和装备，取得了完全拥有自主知识产权的多维度协同支护、大功率全宽截割、柔性连续运输等核心技术突破，首创“掘支运一体化快速掘进关键技术与装备”，实现了煤矿掘进由半机械化向完全机械化和自动化的重大技术变革。

这一技术与原有掘进方法相比，掘进速度提高 2~3 倍，作业人员减少 2/3，有效缓解了采掘失衡。

煤矿掘进“掘”出世界纪录

回顾历史，最早的煤炭开采工作，全部要靠人力去挖掘，靠的是肩扛、手抬；慢慢地开始采用风钻和炸药；到了现代，才实现机械辅助。陕煤集团黄陵二号煤矿总经理易瑞强坦言，虽然开采手段有所变化，但掘进效率和安全问题一直困扰着煤矿工人。

巷道掘进作为煤炭开采的先行基础工程，约占煤矿井下采掘工程量的 70%~80%。而我国每年新掘巷道 13000 公里，位居世界第一，工程量巨大。

面对这样的工程量，掘支运一体化快速掘进系统的应用，不仅显著提高了煤巷掘进效率、降低了作业人数，还改善了掘进工作面环境，实现了高效捕尘、除尘，保障了作业人员的职业健康。

同时，这项技术突破更“掘”出了世界纪录。2014 年，在稳定围岩条件下，月最高进尺 3088 米，创造了大断面单巷掘进世界纪录，是煤矿平均掘进速度的 10 倍以上；2022 年 5 月，在中等稳定围岩条件下，月最高进尺 2086 米，掘进效率提高 3 倍；2022 年 3 月，在复杂围岩条件下，月最高进尺 856 米，掘进效率提高 1.5 倍。

以“中国创造”打造“中国速度”

王虹告诉记者，掘支运一体化快速掘进系统的应用，开启了煤巷掘进的全新模式，实现了我国巷道掘进技术与装备从“跟跑”到“并跑”再到目前“领跑”的转变。

2021 年，掘支运一体化快速掘进系统入选“科创中国”先导技术榜，极大地促进了创新链和产业链的深度融合，以科技创新助力绿色矿山，以“中国创造”打造“中国速度”。

如今，掘支运一体化快速掘进系统已遍布在晋陕蒙等各大型煤企集团，并在不同地质条件下广泛推广应用。

作为我国能源安全的“压舱石”，煤炭当前仍是我国最主要的能源。先进的煤炭采掘技术，有效保障了我国煤炭资源稳定供应。2022 年以来，在全球能源供应偏紧的背景下，我国持续做好煤炭增产保供工作，将能源的饭碗牢牢端在自己手中。

记者了解到，中国煤科太原研究院正在进行第四代智能掘支运一体化快速掘进系统 4.0 中的核心技术攻关，将全面提升快速掘进系统工艺与智能化技术水平，不断加速智慧矿山建设向“少人化、无人化”的目标迈进。

（中国新闻网　宋宇晟）*

*《“掘速之极”，“煤海蛟龙”掘出能源保障线》原载于 http://www.chinanews.com.cn/cj/2022/10-09/9868959.shtml.

三

流光快影

“基建狂魔”出圈，打造基建速度名场面

中国为什么会被世界称为“基建狂魔”？看看这些名场面就明白了。

扫码看视频

流光快影

Liu Guang Kuai Ying

在城市中心，200余台挖掘机整齐作业，一座589米长，服役了25年的南昌市龙王庙立交桥一夜之间被拆除。

极致的基建速度震惊中外

9 小时改造火车站 马斯克惊叹

“基建狂魔”的速度有多快？眼睛一闭一睁，9 个小时过去了，一座火车站改造完了。

这座一夜之间“换血”的火车站是福建龙岩火车站，由中铁四局施工。2018 年 1 月 19 日 18：30，随着现场总指挥一声令下，1500 余名工人同时上阵。要在 9 个小时内完成火车站的大改造，施工时间非常紧张。

此次龙岩站站改拨接施工为 I 级封锁施工，共包含 4 个龙口，7 个拨接工作面 3 组道岔拆除、3 组道岔插铺的施工。机器轰鸣、火星四溅，密密麻麻的工人有条不紊分工协作，画面犹如电影大片。

福建龙岩火车站 9 小时完成大改造

［中国中铁供图］

最终，1 月 20 日凌晨 2 点多，经过近 9 个小时的紧张奋战，工人们圆满完成了道岔拆铺、拢口拨接、信号换装 I 级施工，龙岩站站改拨接顺利完成，漳龙铁路、赣龙铁路、赣瑞龙铁路、新建南龙铁路顺利接入龙岩站新站房。

龙岩站站改拨接是南龙铁路管线内最大的一次拨接，此次拨接为南龙铁路开通奠定了基础，南龙铁路建成通车后两地通行时间缩短至 1.5 小时。

9 小时改造火车站的场面让世界再次为中国速度折服。美国企业家埃隆·马斯克也在社交媒体上为其点赞，并感慨："中国在先进基础设施上的发展要比美国快 100 多倍！"

8 小时拆完 589 米立交桥

"基建狂魔"的速度有多快？眼睛再一闭一睁，8 个小时过去了，589 米长的立交桥拆没了。

一夜之间被拆除的是江西南昌龙王庙立交桥。这座立交桥建于 1992 年，在 2017 年被拆除时已经"服役"了 25 年。

之所以要拆掉它，是因为这座立交桥属于"单纯式"立交，随着南昌交通的

南昌龙王庙立交桥进行拆除作业现场

[中国中铁供图]

发展，龙王庙立交桥已经不能满足车辆通行的需要。所以，要拆除旧桥建新桥。

但是拆桥困难重重，该桥位于主城区，交通流量大，不能长时间封闭，总工期不到 60 小时，工期极其紧张，而且工程量大，全桥长 589 米，宽 16 米，最高处达 7.6 米，同时地下管线复杂，施工稍有不慎就会对沿线 1000 多户居民用水用气造成影响。

但这难不倒“基建狂魔”，中铁四局派出了 200 余台挖掘机同时作业。在桥两侧一字排开的挖掘机伸出长臂，就如一只只蚂蚁，努力啃食钢筋水泥，拆除现场蔚为壮观。最终，一夜之间这个庞然大物就消失了。

“中国效率”又一次惊艳世界。英媒不禁感叹：“这就是我们所说的效率！”

“基建狂魔”创造的名场面还有很多：

在重庆，上演五桥同转的“空中芭蕾”，5 座全长 383.5 米、总重达 21500 吨（相当于 1.5 万辆小汽车）的大跨度混凝土梁式桥梁，完成 88 度的转体，最终实现精准对接。

在厦门，3 万吨客运站“走起来”平移了 288 米，还来了个 90 度转身，成功上演最牛“搬家”。

在武汉，10天建成火神山医院，12天建成雷神山医院，让世界再次见识到中国的基建速度。

在东南沿海，“基建狂魔”集结两万多名建设者，建成55千米长的港珠澳大桥，这是世界最长的跨海大桥。

在西北沙漠，仅用时三年多建成和若铁路，“圈住”了塔克拉玛干沙漠，将和田群众出疆路程缩短1000多公里。

逢山开路、遇水架桥，“基建狂魔”的成绩有目共睹，他们不断连通，将全国各地连为一体。

这十年来，高速铁路营业里程由不到1万公里增加到4万公里，高速公路里程由9.6万公里增加到16.9万公里，让中国拥有了全球最大的高速铁路网、高速公路网。

“基建狂魔”为什么这么快？

这些不可思议的名场面，“基建狂魔”是怎样创造的？

参与一夜拆除立交桥项目的中铁四局洪都大道总工程师李青杠认为，中国基建速度之所以这么快，一是中国基础设施审批工作效率高，从立项到审批、建设，各部门全力推进。二是中国有强大、全系统的制造业，基础设施建设所需的原材料资源丰富。三是科技引领力不断增强，工艺工装创新不断加快工程建设速度。

中国基建，标定中国速度。“基建狂魔”，擦亮强国底色。

（中国新闻网　李金磊）*

*《“基建狂魔”出圈，打造基建速度名场面》原载于 http://www.chinanews.com.cn/cj/2022/10-10/9869733.shtml.

四

神机妙算

云网融合织就算力高速，『算』出数字生活潮

从“要想富，先修路”到“想发展，投算力”，算力基础设施等“新基建”正在国内掀起“落地潮”。

我们为什么需要算力？现在算力速度有多快？它又给我们带来了什么？

扫码看视频

神机妙算

Shen Ji Miao Suan

算力传输高速路网，每秒高达310亿亿次浮点运算
让全网每一次计算需求即送即达

打通连接东部数据与西部算力的信息大动脉

算力改变生活

什么是算力？算力是指对数据的处理能力。

在生活中，手机、电脑、超级计算机等诸多硬件设备都离不开算力，可以说算力是数字经济的底层逻辑，数字经济的任何发展都建立在优化的算法和强大的计算速度上，这让算力成为关键的核心生产力。

近年来，随着5G、人工智能、物联网、区块链等领域的快速发展，算力已悄悄改变我们的生活和命运。

在机场高速路口，汽车以80公里时速，“无感”通过收费站，仅收费环节每天就能节约2.75小时，大大改善了市民的出行体验。

在生产线上，一款新车上线前需要经历上千次的碰撞测试，而超级算力能模拟出整个碰撞过程，300次的仿真碰撞试验，在一分钟内成功模拟完成。更长远来看，“智能汽车”是离人工智能最近的应用场景之一，若能更快普及，将再次重塑人们的出行生活方式。

在偏远山区，大量人工智能深度学习算法和算力支撑下的智能教育，让远程人工智能可以辅助教师“因材施教”，推动教育资源均衡化，帮助深山里的孩子实现“走出大山”的梦想。

据工信部数据，中国算力产业规模快速增长，近五年平均增速超过30%。截至2022年6月底，我国在用数据中心机架总规模超过590万标准机架，服务器规模约2000万台，算力总规模超过150EFlops(每秒15000京次浮点运算次数)，排名全球第二。

在数字化时代，数据中心、智算中心等算力基础设施正成为加速数字经济发展和产业转型升级的主要动力。在算力需求日益复杂，应用场景不断涌现的当下，中国东部地区算力资源吃紧，西部算力赋闲，如何让用户更好地像用电一样使用算力服务？

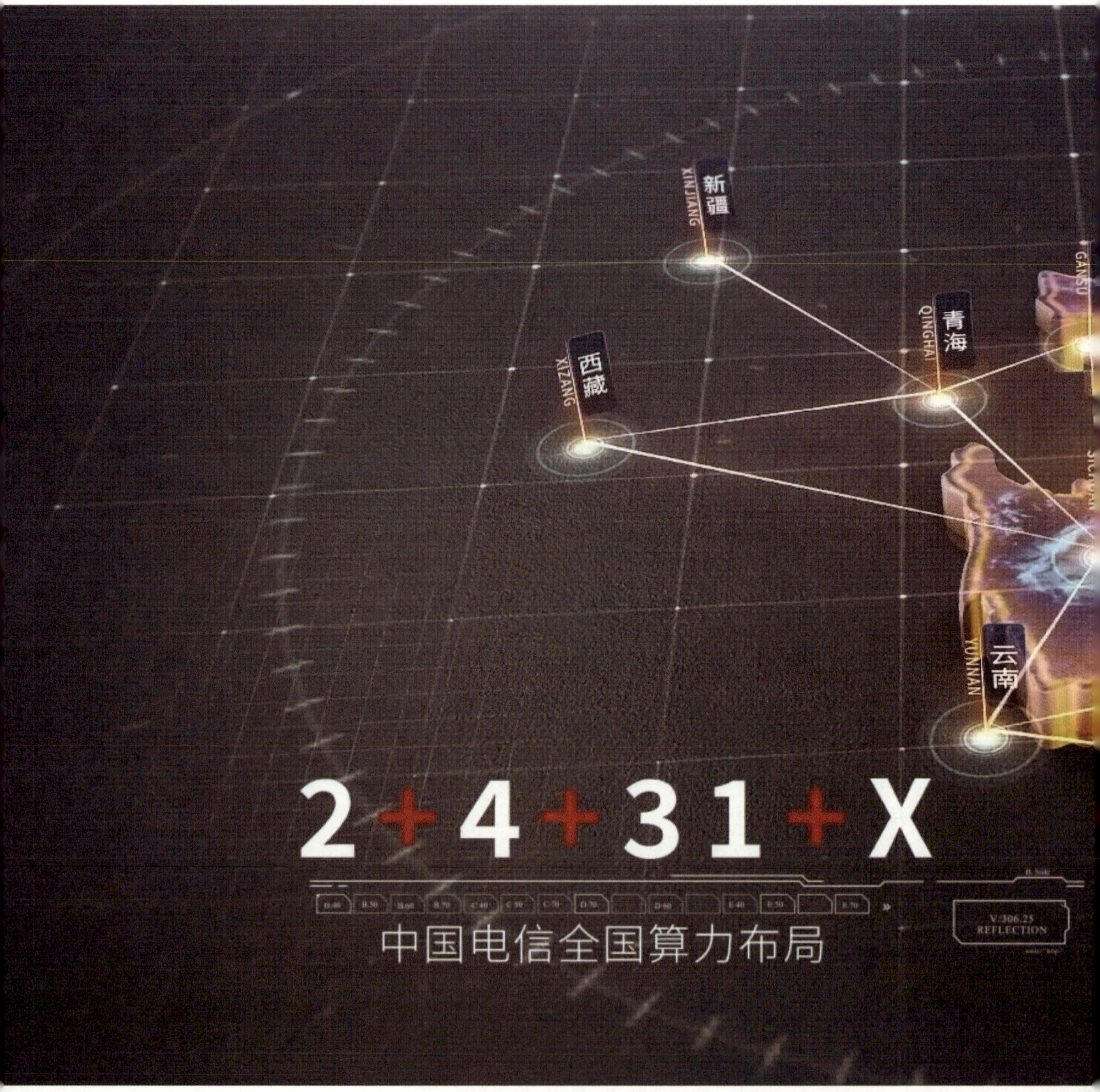
新疆
XINJIANG
青海
QINGHAI
西藏
XIZANG
GANSU
云南
YUNNAN
2+4+31+X
中国电信全国算力布局
V.306.25
REFLECTION

中国电信全国网算力布局

［中国电信供图］

中国电信京津冀大数据产业园

［中国电信供图］

云网融合织就算力“高速路网”

数字时代正在召唤一张高效率的“算力网”。

2012 年，中国电信宣布启动天翼云计算战略，正式进军云计算领域，成为国内首家涉足云计算服务的运营商。

以“算”为中心，“网”为根基，算力网络可驱动数据的跨域流动、实现算力的跨域调配。而作为一个复杂的、融合创新的系统性工程，算力网络如何像水和电一样成为“一点接入、即取即用”的社会级服务，孵化灵活多样的商业应用，需要统一的科学规划与评估。

2022 年 2 月，中国“东数西算”工程正式全面启动。8 个国家算力枢纽节点，10 个国家数据中心集群，将打通中国“数”动脉，把东部算力需求有序引导到西部的数据中心处理、计算、存储，为可再生能源丰富的西部开辟出一条发展新路，成为一条打通东西部经济社会发展的“数动脉”。

作为算力基础设施和骨干传输网络的建设者，电信运营商已经成为打造算力网络的主力军。覆盖全国千城万池的“云网融合”，不仅构建端到端的安全能力和绿色低碳的基础设施，也让实体经济和人们的生活乘“云”而上。

通过内蒙古、贵州两个服务全球的中央数据中心，京津冀、长三角、粤港澳、

中国电信天翼云数据中心

[中国电信供图]

陕川渝四个重点区域节点，31 个省份均有布局的数据中心，再加上广泛分布的边缘节点，中国电信形成了“2+4+31+X”的全国算力布局。

如今，中国电信已拥有 700 多个数据中心，48.7 万架互联网数据中心机架，机架利用率达到 72%，IDC 资源在国内数量最多、分布最广，“一城一池”累计覆盖超过 160 个地市。

“计算 + 连接”的深度融合，组成了算力传输的“高速路网”。在这个“高速路网”中，中国电信的算力规模可达每秒 310 亿亿次浮点运算，这意味着每一秒都有海量的算力正在调度。

从中国电信贵州数据中心到北京大约 2200 公里，动车需要 10 个小时左右，而算力传输时延只需要不到 20 毫秒。算力与网络充分融合，正以难以想象的速度，从看不见的地方延伸到看得见的远方，为人们的生活提供普惠便捷的智能服务。

“算网大脑”让算力调度智能化

随着东部算力需求有序引导到西部，一个逐步完善的数网协同、数云协同、云边协同、绿色智能的多层次算力设施体系必将加快形成。在此过程中，“十四五”规划提出的“强化算力统筹智能调度”成为构建算力网络的重要工作。

“算力调度作为‘东数西算’的重要环节，就如同‘西气东输’的管道，‘西电东送’的高压线路。但算力调度在实施过程中却又复杂很多，分布式的算力决定了算力是多样的，例如计算任务的大小、时延要求、成本等多个因素。”中国电信天翼云首席技术官广小明表示。

以算力为核心进行信息处理，以网络为核心进行信息交换，算力“高速路网”需要一颗独特的智能“大脑”。

2022 年 5 月 17 日，在天翼云诞生的第十年，中国电信推出了天翼云 4.0 算力分发网络平台——“息壤”，使得调度千城万池的算力不再是梦。

广小明介绍，无论业务对算力的需求是多少，“息壤”都能够规划出满足需求的算力和网络资源，以“随愿算网”的方式，对边缘云、中心云、第三方资源等全网算力进行统一管理和调度，实现业务性能和成本的最优。

“由算力调度引擎、算力资源管理平台、算力资源共同构成的‘息壤’就像一个算力传输的枢纽，在全国范围内，实现每分钟数万次、每天上千万次的算力统筹和调度，满足各种领域对算力的极致需求。”

把东部需要进行的机器学习、数据推理、智能计算等 AI 训练和大数据推理的工作放到西部，自动配置和调度相应算力；把东部对时延不敏感的、不活跃的、需存档的海量数据，例如医院影像数据、视频监控数据等，放在西部存储……通过“息壤”，“东数西训”“东数西备”“东算西也算”“东部企业，西部上云”成为现实，云渲染、跨云调度、性能压测、混合云 AI 计算等多种应用场景，也都有着“息壤”的身影。

时代浪潮下，算力正加速筑牢数字经济的底座，成为经济社会发展迈向更远未来的基石。

（中国新闻网　左雨晴）*

*《云网融合织就算力高速，“算”出数字生活潮》原载于 http://www.chinanews.com.cn/cj/2022/10-11/9870487.shtml.

五

洪流铁甲

“逆行”重器中流击水，创造救援速度奇迹

以精锐之“能”，护百姓之“安”，每一次极速救援，都是一场全力以赴，是承诺更是本色。

降水量创纪录、多地洪涝、堤坝溃口……2022 年夏天，暴雨不断的辽宁牵动无数人的心。

洪水来袭，绕阳河突发溃口。中国安能集团（应急管理部自然灾害工程应急救援中心）分别从北京、唐山、武汉、成都等多个方向调集专业救援力量 250 余人，调度 280 余台套装备，执行堤防溃口封堵任务。

“成功合龙！”经过 6 天鏖战，伴随着现场的欢呼声，终于迎来了胜利时刻。

扫码看视频

洪流铁甲

HONGLIUTIEJIA

十年来，救援科技和新型装备穿山破浪

以高效、神速为灾区人民筑起生命线

跑出中国救援加速度

向险而行，决战绕阳河

2022 年入汛以来，辽宁全省迎来了多轮强降雨天气，盘锦市的降雨量也比往年偏多 7 成，绕阳河盘锦段更是出现了有水文记录以来的最大洪水。

8 月 1 日，绕阳河左岸曙四联段一处堤坝出现严重透水导致溃口，宽度一度扩展到 51.7 米。奔流的河水迅速倒灌，盘锦市紧急启动了防汛一级预警。

当地居民还记得，被洪水侵蚀过的沥青路面成片掀起，有的路段已经塌落，洪水几乎没过农户房子的屋顶。

危难之时，一场惊心动魄的溃口封堵战打响。

狭窄的堤坝上，硬实力与新科技集结：推土机、挖掘机、自卸车等重型工程救援装备有序作业，倾倒石料并推平压实；全站仪、多波束无人侦测船、测流无人机组成“海陆空”组合，对溃口口门宽度、溃口水位高程、溃口附近堤坝变形情况、河底冲刷数据进行动态监控。

辽宁盘锦绕阳河堤坝溃口封堵现场

［中国安能供图］

“以多波束无人侦测船为例，它就像三维彩超一样，能清晰地看到水下的溃口情况，绘制溃口处水下情况图，为专家组制定封堵方案提供第一手准确动态数据。”参加盘锦绕阳河溃口封堵的中国安能集团安全总监王永平介绍。

20米、13米、6米……在千万网友的关注下，经过不分昼夜的连续作业，溃口距离一点点缩小。终于在8月6日，被洪水冲开100多个小时的河堤完全合龙，溃口南北两侧的抢修人员握手相遇，摇旗欢呼。

装备更新，十年大不同

争分夺秒救人，全力以赴抢险。在工程救援领域，场场都是大仗、硬仗。

干旱、洪涝、滑坡、泥石流、地震……在触目惊心的自然灾害面前，人类显得特别渺小。后续的自然灾害工程救援过程中，也常常伴随着通信中断、滑坡、泥石流挡路，巨石挡道等各种复杂情况。

天灾无情，但中国救援队伍却从未向大自然的力量低头。持续加大关键技术攻关和关键装备研发力度，提高专业化技术装备水平和防灾减灾救灾能力，只是为了让救援的速度快一些、再快一些。

2008年汶川地震，救援队伍使用短波电台传出震中消息，这种电台需要专人操作，远距离通信还得架设地面天线；如今，救援队伍用上了天通卫星电话，小巧方便，全天候待机，随时向指挥所报告最新动态。

准确收集掌握险情信息是科学指挥决策的关键。以前，救援队伍依赖纸质地图进行灾情侦测；如今，有了“天地水”三位一体侦测设备，前方第一时间对灾区进行三维数字建模，利用通信装备回传到后方指挥所，实时指挥。

从人工装填沙袋，到砂石自动装袋机；从冒着生命危险驾驶装备开辟生命通道，到无人遥控挖掘机；从笨重的工程作业机械，到多功能、轻便化的应急救援装备……科技抢险利器的广泛应用，让救援队伍如虎添翼。

“研制这些装备，既是为了不断提升抢险救援能力，完成以往不可能处置的险情，也能够对人力进行补充，完成以往需要花费更多人力、时间才能完成的救援工作，更好提升抢险救援质效。”中国安能集团总工程师张利荣说。

科技赋能，救援提质效

2021 年 7 月，河南省新乡市中北部遭受大暴雨、特大暴雨。洪水没过了庄稼和低矮的房屋，上千名群众被困在屋顶等处等待救援。怎样才能把他们快速安全地转移出来?

八方而来的救援队伍中，被誉为“救援航母”的动力舟桥位列其中。在传统搜救过程中，一艘冲锋舟只能坐 5~6 人，如果水里有各种杂物，还经常会被搅进螺旋桨里。

救援现场

［中国安能供图］

由河中舟及岸边舟组装拼接而成的动力舟桥，则可快速架设成各种形式的浮式结构，能够适应 3.5 米 / 秒的流速，抵抗较大流速的水流冲击。最多可运载 500 人或 70 吨级重型装备和车辆，集浮桥、渡运于一体，有效解决了涉水抢险难题。

风雨中架起“生命之舟”。经过近 4 个小时的持续救援，动力舟桥分 7 个批次，将 1400 余名被困群众全部成功转移。

暴雨袭城，城市中大量积水形成内涝同样会对生产生活产生巨大影响。大功率排水抢险车，便适用于城市道路、公路隧道、无电源地区排水及消防应急供水防洪抢险。

垂直式大功率排水抢险车排水扬程高度可达 22 米，相当于能把水喷到 7 层居民楼房的高度；“吸水能力”最为强悍的 5000 型大功率排水抢险车一小时能排 5000 方积水，可以迅速用于城市内涝积水清理。

风雨之中，危难之处，总有一抹橙色的光，向险而行、不辱使命。以愈发先进的科技装备，以大幅提升的救援效率，以源远流长的团结精神，中国人打造出独一无二的中国救援速度。

（中国新闻网　左宇坤）*

*《“逆行”重器中流击水，创造救援速度奇迹》原载于 http://www.chinanews.com.cn/cj/2022/10-12/9871230.shtml.

救援现场
［中国安能供图］

走进新国企

打卡新坐标

下卷

卷首语

中国新坐标

强国复兴新注脚

赫赫千载，浩浩山川；熠熠星轨，煌煌大国。

纵观中华民族前进发展，横看世界力量对比变化，在浩瀚历史的坐标轴上，在群雄角力的定位系里，如果标注出中国的“位移”，那是一条震古烁今的辉煌轨迹。

古老的东方大国何以斗志长存、风采永盛？仰观宇宙之大、俯察品类之盛的寰宇视野里，尤以大国重器锻造强大支点、挺起中国脊梁。

扫码听书

——仰望星空，“长征”开路剑指苍茫，中国高度在漫漫星途中追寻《东方红》悠远的和声；“基建狂魔”三跨天山，中国跨度连接起西域的车马喧阗与今日的汽笛声声。

——脚踏实地，直抵万米地底空间，中国深度让珠穆朗玛的“身高”亦可定义地下之极；细如发丝强硬如钢，中国强度高高捧起“材料皇冠上的明珠”；引领水电百万千瓦时代，中国力度书写世界水电史新传奇。

——履践致远，以柔克刚厚积薄发，中国厚度以“手撕钢”撕开国外垄断；置身煤海“蛟龙”开路，中国速度回答掘支运一体化快速掘进的世界难题；铁壁绣花以尽精微，中国精度为大型设备引线穿针。

——饱蘸深情，“数智春风”情暖高原，中国温度让雪山下的村子也进入数字时代；尼山圣境广迎四方，中国风度穿越千年纵览无数江山。

石破天惊的远征，必有逢山开路的闯劲；前无古人的事业，尤需锲而不舍的笃行。新时代的中国坐标，随着由中央网信办网络传播局指导，国务院国资委新闻中心、中国新闻网联合主办的十个维度看中国——“走进新国企·打卡新坐标”网络互动传播活动展现眼前，同乘风好去，长空万里，直下看山河。

敢为人先，入地穿海的中国方案

为者常成，行者常至。踏石留印，抓铁有痕。

深地与深海之间，人是历久弥坚的度量衡。不断刷新的数字，让中国技术傲立世界科技之林；不断拓进的纵深，更为强国复兴镌刻下有力的注脚。

坐标新疆，塔克拉玛干，这片曾经寥无人烟的沙海，我国首口万米科学探索井——中国石油塔里木油田深地塔科 1 井的井架高耸入云、钻机隆隆作响，跃动着能源澎湃流淌的脉搏。

一深带万难，“攀登”这座“地下珠峰”，“在 20 年前是不敢想的。”万米虽深、目标尤高，该井设计井深 11100 米，预计钻井周期 457 天，目前已突破 9000 米；几十公里外的中国石化“深地一号”项目中，跃进 3–3XC 井设计井深 9472 米，目前已达到 9432 米。

坐标三亚，广袤南海，明黄色的中国海油“深海一号”能源站仿佛定海神针般矗立怒海波涛间，是油气开发挺进深海的先锋。源源不断的海底天然气供应，让能源站顶端的火炬熊熊燃烧、昼夜通明。

叩开了超深海能源宝藏的大门，新的突破在这座我国首个自营超深水气田不

四川甘孜新龙县雄龙西乡腰古村
[中国移动供图]

断发生。截至目前，“深海一号”二期项目压力最高的开发井——A12 井完成钻井作业，刷新国内深水开发井压力等级纪录。

坐标金沙江河道，四川宁南和云南巧家交界，三峡集团白鹤滩水电站“亮翅”在高峡平湖、两岸绿草茵茵间。承受 1650 万吨的最大水推力，已实现 100% 国产化的百万千瓦发电机组证明，我国在水电技术领域已遥遥领先其他国家。

“如果把这台机组拆开，几乎每一个零件、每一个单项都是世界第一。”金沙江库区千年巨变，中国“智造”引领世界水电进入百万千瓦时代，新时代的《水经注》在世界最大清洁能源走廊上书写。

转眼间，漫漫黄沙的灼灼烈日已点燃动力齿轮，浩浩江海的汩汩能源已润泽广阔民生。新时代的国企建设者们以科学为刃，以创新为锋，凿穿了沉淀亿万年的坚硬岩石，触摸地球深部岩心的纹络；搅动了江海沉睡已久的丰饶宝库，托举能源保障的坚强支撑。

“深海一号”能源站

［中国海油供图］

重任在肩，千锤百炼的求索情怀

日新又新，永不止步。惟其艰难，更显勇毅。

正处在日新月异的时代，人是始终向前的进度符。大国工匠在对更快一步、更强一分、更精一毫的不懈追求中，展现着脚踏实地的作风、匠心独运的智慧和历久弥坚的情怀。

坐标西宁，在全球海拔最高的中国建材高性能碳纤维生产基地，轰鸣丝轴整齐转动、雪白原丝抽出成型。细如发丝却比钢强的碳纤维，成为支撑诸多高端制造发展和升级的关键战略材料。生产它要经过上百道工序，三百多项关键技术、三千多个工艺参数，十多个系统的集成才能制作完成。

“手指粗的一束碳纤维，就可以拉动两架飞机。”摘下这颗“材料皇冠上的明珠”经历了艰难的研发过程，中国人用世界上先进的干喷湿纺技术，成功做出了“中国碳纤维”。

坐标德阳，在被誉为“中华第一跨”的东方电气重跨厂房，吊臂穿梭、焊花

飞溅，云集了一批中国乃至世界一流的加工设备。“重型密度精加工技术就犹如大象在跳舞，而且还能跳芭蕾舞。”如此难度下，无数大国重器在这里迈出从零到一的第一步，成就了民族工业的灿烂。

装上“中国心”，白鹤滩等巨型水电机组重要部件自此走出，水电工程敢攀世界水电珠峰；十年磨一剑，国内首台完全正向自主设计制造试验的 F 级燃气轮机 G50 正式投入商运，拼出中国“争气机”。

坐标太原，在中国煤炭科工“煤海蛟龙”快速掘进研制车间，掘支运一体化快速掘进系统通过智能控制、全身协作，彻底解决了煤巷掘进、支护、运输不能平行作业的世界级难题，并在 2014 年创造了煤巷掘进月进尺 3088 米的世界纪录。

龙腾善行，“耳”聪“目”明。从肩扛手抬到风钻炸药，再到机械辅助和屡创纪录，工作人员离机器越来越远、导航系统越来越准、控制系统越来越精准，煤矿掘进设备的自动化、智能化水平不断跃向新高度。

坐标太原，中国宝武通体透亮的“手撕钢”反射着镜面般的银色光泽，“钢铁行业皇冠上的明珠”厚度只有 0.015 毫米，不到头发丝直径的 1/6，可以像纸

港珠澳大桥

［中交集团供图］

张一样弯曲、折叠，甚至可以轻易用手撕开，广泛应用于航空航天、高端电子、新能源等领域。

为打破“高价买”和“卡脖子”困境，面对六百多道技术难题，平均两天一次的实验失败，创新团队走过一关又一关，将中国不锈钢箔材的制作工艺提升到世界领先水平，百炼钢终成绕指柔。

我们看不见时间，但可以看见时间的力量。看似寻常最奇崛，尽精微处，新时代的国企建设者们以匠心筑品质、以品质筑未来；成如容易却艰辛，致广大间，孜孜不倦的求索终绘出中国制造业从大到强的壮美画卷。

拳拳赤子，知往鉴今的古老智慧

风光无限，常在险远。攀登之路，勇者不孤。

新的足印覆盖上旧的轨辙，人是灿灿来路的常旅客。举目回望，同一片神州大地已是全然不同的光景。日新月异的发展、赓续传承的事业，落笔均是须臾不可忽视的“国之大者”。

坐标西昌，直指太空。12 月 10 日 9 时 58 分，长征二号丁运载火箭在西昌卫星发射中心成功将遥感三十九号卫星准确送入预定轨道，发射任务取得圆满成功。至此，航天科技研制的中国长征系列运载火箭的发射次数正式刷新为 500。

“从无到有，更高更远，脱胎换骨，大国重器，更快更好。”这一次的发射升空，距离第 400 次发射，才大约两年时间；而距离长征系列火箭首次发射，即 1970 年 4 月 24 日长征一号运载火箭成功将东方红一号送入太空，过去了 53 年。

苍茫星海里，那颗“会唱歌的星”仍在围绕地球飞行，如同一个精神坐标，激励着中国航天循此而上、追逐星辰，实现着下一段势将问天的预言。

坐标乌鲁木齐，纵贯天山南北。从独库公路到东天山隧道、再到天山胜利隧道，三条打通天山南北之路，让南北疆的连接，从“绕”过天山和“爬”过天山变成了真正的“穿越”天山，从图纸上“飞线”的虚线变成现实中蜿蜒的公路。

开拓仍未止步，中国交建承建的乌尉高速“咽喉工程”天山胜利隧道是目前世界上在建最长的高速公路隧道，建成后开车穿越天山仅需约 20 分钟。这条张

天山胜利隧道
［中交集团供图］

骞的车骑与班超的鞍马、匆匆的使节与虔诚的僧侣曾跋涉千年的长路，将传唱更多开放和谐、进取奋发的时代新声。

草木蔓发，春山可望。“三跨天山”的意义，还在于立足新疆区位优势，建设对外开放大通道，把新疆的区域性开放战略纳入国家向西开放的总体布局中。自此，边疆物华焕新，银翼畅联亚欧，泱泱华夏风物与浩浩丝路长歌，都化作“春风尽度玉门关”的新篇。

中华民族的旧邦新命，在星辰大海、图强励新，亦在道路条条、广厦万间。气节铮铮的央企建设者们，以斧劈刀削之笔写下浩气经天的一页，体现的是从中华民族守正不守旧、尊古不复古的踔厉进取品格，以及同进于大道、共臻于大道的和合共生愿景。

山高水长，胸怀天下的价值追求

日月经天，江河行地。大道之行，壮阔无垠。

物换星移中长河涓涓不息，人是矢志不渝的定盘星。走过千年时光长廊，恢宏的建设、顶尖的技术、簇新的事业、绚烂的笔触，落脚点无一不在一撇一捺、以人为本的信念之间。

坐标甘孜，雄龙西乡腰古村，覆雪的偏僻村庄也在中国移动的帮扶下竖起了高耸的基站。通过发展犏母牛养殖业和花椒种植业，燃起了致富增收的新希望；通过将5G、大数据等技术应用到远程医疗、远程教育，村民们解锁了更美好的“数智生活”。

3G突破、4G同步、5G引领，中国移动通信技术完成了从追赶到引领的历程。医疗、教育、直播、致富，“数智春风”吹暖雪域高原，也为人民吹来了新资源、新保障、新盼头。

坐标曲阜，相传为孔子诞生地的尼山，世界上最大、最高的孔子像坐落于此。2500余年前，“逝者如斯夫，不舍昼夜”声震长河，孔子在这里为中华民族构筑了一座“万世师表”的人文精神大厦，化作中国建筑承建的尼山圣境72米高的孔子像款款而立。

在这里，尼山世界文明论坛成就了一场场现代文明和传统文化的对话。“尼山圣境”作为集文化体验、修学启智、旅游度假、教育培训于一体的综合性文化载体，依然演绎着灿若星辰的文化大观，彰显着中华民族肇兴于斯、传承于斯、灿烂于斯的伟大品格。

鸿典皇皇，儒风泱泱。时代浪潮，生生不息。

时间年轮盘镌历史荣光，时代方位拓达前路新境。在中国新坐标的定位系里，以世界眼光起笔、以时代标杆落墨，我们真正读懂了——循天下之道，虑时间之远，应民心之向，方知大势所归。

前程壮阔，使命催征；百川汇流，不尽滔滔。

聚锋山海之间，点睛奋斗新篇。站在新时代、新形势的更高起点上，必将有风华正茂的新英雄、继往开来的新壮举，雕琢千里江山图更丰沛的文脉，绘就中国新坐标更恢弘的画卷。

（中国新闻网　左宇坤）

中国深度

第一章

万米深井攀登地下珠峰，深水开发井见证

中国深度

扫码听书

一

极致求索

万米深井『攀登』『地下珠峰』

海拔 8848 米，是地球最高峰珠穆朗玛峰的高度。如果将空间反转，向地表以下延伸几千米，乃至过万米，会有什么样的发现？人类又如何抵达万米之下的地底空间？

在新疆塔克拉玛干沙漠，记者看到了“攀登”这座“地下珠峰”的可能性。

扫码看视频

中国新坐标
新疆·沙雅
(80° N, 40° E)
中国
石油
深地塔科1井
中国深度·极致求索
我国首口万米科学探索井·深地塔科1井

地下万米有什么？

距离地表万米之下会有什么？在我国深地油气勘探开发的主战场——塔里木盆地，石油工人给出的答案是“珍贵的油气资源”。

在滚滚热浪和漫漫黄沙下，埋藏着石油和天然气。塔里木盆地超深层油气资源极为丰富，埋深超过 6000 米的石油和天然气分别占全国的 83% 和 63%，是我国最大的深地油气富集区。

资料显示，我国深层、超深层油气资源达 671 亿吨油当量，占全国油气资源总量的 34%。深层、超深层已成为我国油气重大发现的主阵地。

但与此同时，超深层勘探开发面临系列世界级难题。塔里木盆地为典型叠合复合盆地，经历多次构造演化，油气多次运移调整，像一个摔碎的盘子又被踢了几脚，油气藏普遍存在超深、超高温、超高压等勘探开发难题。

中国石油塔里木油田公司勘探事业部经理段永贤直言，钻井到达一定深度极限后，每向下一米，难度都面临着几何倍数增长。“高温高压下，几千米深处的钻杆就像‘煮熟的面条’一样柔软，地下超过 200 摄氏度的高温，一般设备和仪器内的电子元器件、橡胶件等就会损坏失效。”

诸多不利条件没有让石油工人止步不前。

在新疆阿克苏地区的茫茫沙海中，我国首口万米科学探索井——塔里木油田深地塔科 1 井井架高耸入云、钻机隆隆作响。该井于 2023 年 5 月 30 日在新疆塔克拉玛干沙漠鸣笛开钻，设计井深 11100 米，预计钻井周期 457 天，目前已钻至 5856 米。而在几十公里外的“深地一号”项目中，跃进 3-3XC 井设计井深也达到 9472 米，目前正在向 9000 米目标挺进。

向地球深部进军

“能打这口井，就证明了中国制造技术水平。这在 20 年前，是不敢想的。”中国石油塔里木油田公司首席专家王春生，这样向记者介绍中国石油深地塔科 1 井。

在他看来，能够将井深推进到万米级别，正有赖于我国的工业制造能力，同

国旗下的中国石油塔里木油田深地塔科 1 井

［中国石油供图］

时也是对该项能力的一次检验。

以深地塔科 1 井采用的全球首台 12000 米特深井自动化钻机为例，中国石油宝石机械有限公司现场服务负责人张矛胜告诉记者，这台钻机由我国自主研制，关键核心设备实现了国产化。

“这台钻机高 72 米，相当于 24 层楼房的高度，与普通钻机相比，载重提升能力由三四百吨提高到最大 900 吨。而且配备了全套管柱自动化系统，双司钻集成控制系统，一键式起下钻操控系统，在减轻工人劳动强度的同时，大幅提升了安全系数。”他说。

记者了解到，该钻机，创新研发高性能 PDC 钻头、220 摄氏度超高温工作液体系，解决了极限温度下“钻不了”的技术难题，为万米深地工程科学探索研究提供了有力技术和装备保障。

“深地塔科 1 井面临特深、超 200℃的高温、近 140 兆帕的高压，对钻机装备、井筒工作液、井下工具仪器等提出更高要求。我们国产化钻头等井下装备和钻井液会陆续登场亮相，在万米深井接受工程考验。”中国石油塔里木油田油气工程研究院技术专家艾正青说。

他同时指出，截至目前，塔里木油田 8000 米级钻完井技术体系基本成熟，钻探的 8000 米超深井已经突破 100 口，9000 米也取得了突破。通过实践，8000 米、9000 米技术和配套工具成熟可靠。

能源安全关系我国经济社会发展全局。这些先进的技术手段，有效保障了我国油气资源稳定供应。

“没有荒凉的人生”

在这一系列成绩的背后，是无数石油人在茫茫沙海中的付出。

塔克拉玛干沙漠，因其极端恶劣的自然环境，也被当地人称为“死亡之海”。当地工作的石油人们笑着告诉记者，在塔克拉玛干沙漠，“可以感受四季如春的风沙”。在强大风力的作用下，这里的沙丘形态和位置不断变化、移动。工作人员在钻井、公路周边采用草方格和阻沙栅栏缚住“沙龙”。

沙漠中夏季最高气温 45 摄氏度，地表温度高达 70 摄氏度以上，埋个鸡蛋可以烫熟；全年约有一半时间为风沙天气，每当强沙尘暴来袭，能见度不足 5 米。

20 世纪末，来自五湖四海的石油人来到塔克拉玛干。沙漠腹地蕴含油气的重大发现，让这片大漠的勘探、建设迅速展开。

中国石油塔里木油田现场监督与勘探人员测量钻头安装间隙

［中国石油供图］

与此同时，石油人在万顷沙海中开钻油气井、修建沙漠公路……在曾经了无生机的“死亡之海”，命运的齿轮开始转动。

在很多人记忆中，彼时新疆的很多城镇，常见的是土路、当地人赶着的驴车和茫茫大漠。今天，因油气而兴的库尔勒已成为一座现代化城市，双向八车道的柏油路在出行高峰期间也会堵车。

在塔克拉玛干沙漠的中国石油各处场站，最常见到、听到的一句话就是“只有荒凉的沙漠，没有荒凉的人生”。库尔勒的变化正印证了这句话。

石油人脚步未曾停歇。如今，在新疆的多个油田已开启了数字化转型：通过全链条数智化管控，实现中小场站无人值守、大型场站少人高效。

目前，塔里木油田已建成3300万吨大油气田和300亿方大气区，累计向西气东输供气超3300亿方，保障15个省市4亿多居民、3000多家企业生产生活用气；还建成566公里我国首条零碳沙漠公路和4704公里气化南疆管网，每年供气超50亿方，惠及南疆800万各族群众。据悉，未来这里还将打造智能化油田、智慧化油田。

（中国新闻网　宋宇晟）

中国新坐标
新疆·沙雅
(41.25° N, 82.9° E)
中国石化
SINOPEC
中国深度·极致求索
我国首个“深地工程”油气项目·顺北油气田

二

怒海争锋

我国压力最高深水开发井见证『中国深度』

“深海一号”二期项目压力最高的开发井——A12井完成钻井作业，刷新国内深水开发井压力等级纪录。对确保项目顺利投产、进一步开发深水复杂油气资源具有重要意义。

A12井有多深？钻井过程中应用到哪些新技术？一起探访海南岛东南方向约180公里处的“海洋石油982”钻井平台寻找答案。

扫码看视频

中国新坐标
三亚市
“深海一号”
距离三亚150公里
海洋石油982
中国深度 · 怒海争锋
海上万亿大气区·“深海一号”大气田

我国首个深水高压井完钻

中国海油海南分公司副总经理兼总工程师刘书杰在接受采访时表示，“深海一号”二期项目是我国首个深水高压井项目，A12 井完钻井深超过 4300 米，至此，“深海一号”二期项目钻井总进尺已超过 50000 米，相当于 6 座珠穆朗玛峰的高度。

除了“深”之外，地层高温高压也是深水高压井的钻井难题。

“深海一号”二期部署的 12 口水下气井中有 3 口井为深水高压井，其中 A12 井目的作业风险最高、开发难度极大。

A12 井地层压力达到 69 兆帕，相当于家用高压锅工作压力的 1000 倍，同时还面临 138 摄氏度的高温挑战。

而与上述难题相对应的是海底蕴藏的巨量资源。

“深海一号”超深水大气田，天然气探明地质储量超千亿立方米，最大水深超过 1500 米，最大井深达 4000 米以上，是我国迄今为止自主开发的水深最深、勘探开发难度最大的海上超深水大气田。一期于 2021 年 6 月 25 日投产，随着二期的勘探开发，“深海一号”的天然气储量从 1000 亿立方米增至 1500 亿立方米，高峰年产量从 30 亿立方米增至 45 亿立方米，相当于海南岛 2021 年天然气消耗量的 90%。

“漂在海上”的钻井平台

位于海底的油气资源要如何开采？这就要用到我国自主投资建造的深水半潜式钻井平台——“海洋石油 982”钻井平台。

平台型长 104.5 米，型宽 70.5 米，型高 37.55 米。它的甲板面积比一个标准的足球场还要大，垂直高度相当于一座 33 层高的楼房；平台上布满了钻井设备和精密仪器，光传感器的数量就达上万个。其工作水深可达到 1800 米；钻井深度 9145 米，比珠穆朗玛峰的海拔还要高；排水量 40849 吨，等同于一座中型航空母舰。

如此规模的平台并非固定在海底，而是“漂在海上”进行钻井。平台依靠动力定位系统及6台推进器保持稳定。

“海洋石油982”平台钻井总监代锐介绍，钻井平台中央控制室，采用了全球最先进的DP3动力定位系统，定位精度能达到0.1米，由6台主机产生4万千瓦的电力提供给6台推进器，推进器每台有3.8米大小，6台能够产生492吨的推力，7台位置分析系统实时指导推进器，进行方位和推力大小的改变，始终使钻井平台保持在井口的正上方位置。

虽然是“漂在海上”，但钻井平台的抗风能力达到16级，在10级风的情况下仍然可以正常作业。

此外，在海上打井跟陆地不太一样。工作人员首先要将一根根的隔水管下入到海水中，用来隔开海水，便于将钻头钻杆下入到海底；而后再通过钻杆连接的钻头切割地层、破碎岩石，最终形成井眼。

全机械、自动化操作

值得一提的是，依托“深海一号”大气田开发建设成功实践，我国多项深水油气开发技术装备国产化研发取得重要进展，其中就包括深水水下采油树。

采油树是油气开采的井口装置，也是油气井最上部的控制和调节油气生产的主要设备。

20世纪90年代以来，中国海油进口了多套水下采油树，提升了气田的开发效益，但面临设备采办周期长、价格高的问题，尤其是核心设计技术，掌握在国外技术团队手里。

为改变这种情况，深水水下采油树国产化攻关团队牵头16家国内优秀海洋装备研发制造企业及科研院校协同，对采油树的高压密封、海水防腐、精密加工等一系列关键核心技术难题展开攻关，全力推进自研。最终于2021年9月完成

漂在海上的海洋石油 982 钻井平台

[中国海油供图]

研制，10 月完成海试，次年 5 月成功应用，500 米级国产深水水下采油树在莺歌海乐东气田成功投用。

在钻井作业过程中，“深海宇航员”通过遥控水下机器人设备，可以远程进行深海勘探、水下操作等工作。记者获悉，中国海油攻克了远程控制和实时监测装备 ROV(水下机器人) 设计难题，也培养出了自己的人才队伍。

此外，该平台钻井作业可实现全机械、自动化操作，司钻房使用新式超高井架底座和悬空式设计，操作台犹如一体式电脑座舱，科技感十足。

刘书杰说，中国海油未来将进一步提升深水钻井的国产化、智能化水平。

（中国新闻网　宋宇晟）

【深化改革成就中国深度】

在新疆阿克苏地区的沙海里，我国首口万米科学探索井——塔里木油田塔科1井架高高耸立、钻机隆隆作响，正奋力向万米深地掘进；放眼整个塔里木盆地，垂直深度超8000米的井已有120多口。在更广阔的深海、深空、深地、深蓝“四深”领域，乃至战略性新兴产业、未来产业领域，我国科技实力正在从量的积累迈向质的飞跃、从点的突破迈向系统提升，积极抢占科技制高点。

短短几十年，从仰望别国背影到迈入第一梯队，在“中国深度”不断刷新的背后，“国家队”摒弃“等、靠、要”的侥幸心理，一直将深化改革作为重要抓手，推动原创性、前沿性科技攻关，强化自主装备制造研发，不懈追求高水平科技自立自强，在困难重重的领域蹚出光明的前路。

往更深处挺进，前沿理论欠缺、基础研究支撑乏力、攻关投入机制需要完善、创新成果转化率有待提升等实际问题逐渐成为新的“瓶颈”。如何消除“去往何处”的困惑、化解“摸石过河”的忐忑，胸有成竹向更深处挺进？根本动力仍是全面深化改革。新一轮国企改革深化提升行动提出的“三个作用”，为我们指出了以深化改革发挥国有经济战略作用的“路线图”。

纵深推进，更好地发挥科技创新作用。一般来说，企业在创新链中占据关键环节，能够高效地将创新成果转化为应用成果，将研发投入转变为社会需要的产品和服务。但以“四深”为代表的相关高科技产业领域有一定的特殊性，不仅具有重大的战略意义，而且进入壁垒高、前期投入大、自主创新风险显著、资本回收周期长，一些企业投资意愿不强，尤其需要国资央企挺身而出、引领发展，冲锋在前，发挥示范引领带动作用，奋斗在党和人民最需要的地方，不断在新时代新征程中切实发挥科技创新作用，助力科技强国建设。要承担好这一历史使命，国资央企必须准确把握在我国科技创新全局中的战略地位，从局限于“技术吸收和成果转化”的阶段跳出来，明确科技创新主体定位，发挥“组织者”作用搭建跨学科合作平台，坚定推进产业转型升级。在原创性科技攻关方面，要把握“四深”领域乃至战略性新兴产业和未来产业领域多学科交叉的趋势，支持国有科技领军企业加强基础性、紧迫性、前沿性、颠覆性技术研究。在成果转化方面，要从有利于基础研究与产业创新有机结合、有利于提高基础研究的针对性、有利于加速基础研究成果转化应用的角度出发，把产、学、研、用等环节贯通起来，实现更多“从 0 到 1”的突破，加快“从 1 到 100”的推广，从而赢得未来先机。

深耕细作，更好地发挥产业控制作用。中国深度要取得更大进展，一方面，要靠全产业链协同发力。越往深处，未知越多，越进越难。如果只是单一企业或者单一技术有所突破，就想要“一招鲜吃遍天”是不现实的。新技术、新产品、新材料、新工艺、新设备都至关重要，不同的要素又相互关联，要求我们必须补短板强弱项，实现系统能力提升。另一方面，要继续发挥制度优势。在“链长制”和“共链行动”的有力牵引下，推动基础固链、技术补链、优化塑链、融合强链，充分发挥在产业链循环中的支撑带动作用，以“中国深度”的突破，引领高端制造、先进材料和核心软件等相关领域和产业上下游经济的蓬勃发展。这个过程中，核心零部件国产化水平将得到提高、资源配置优势有效发挥、产业分工进一步明确，民营企业也将有更多参与“中国深度”的机会、舞台也更加广阔。

深远布局，更好地发挥安全支撑作用。科技领域是综合国力竞争的“制高点”，是关系到我国战略安全的“必争之地”，尤其需要构建自主可控、安全可靠的自有产业体系。国资央企作为维护战略安全的强国基石，必须把维护产业链供应链和能源资源安全作为重大使命责任，体现经济属性、政治属性和社会属性的高度统一。首先需要立足当前、着眼长远，在更广阔的时空中规划战略、谋划发展。国有资本不仅要进一步向“四深”等关键领域集中，而且要当好“长期资本”“耐心资本”和“战略资本”，扩大有利于地方经济社会发展、“乘数效应”强、牵引作用大的项目投资，以确保国有经济在战略领域的控制地位和保障托底作用。此外，要应对重大挑战、抵御重大风险、克服重大阻力、解决重大矛盾，必须摒弃粗放式发展的路子。在关键领域勇挑重担、敢打头阵是没问题的，但要遏制片

我国首口万米科学探索井——中国石油塔里木油田深地塔科 1 井

［中国石油供图］

面做大规模的冲动，必须根据自身的主责主业、功能定位、技术优势、资源禀赋等，积极在相应领域主动作为、做强做专。

不断标注的中国深度，描摹着我国探索“四深”领域、战略性新兴产业和未来产业领域的经纬。根脉深而百业兴。我们相信，中国深度的根脉每下探一分，产业发展的森林就能更繁茂一分，中国式现代化的前景就会更清晰一分。

（《国资报告》杂志社　龚梓谦）

第二章 40年三跨天山，乾坤挪移

中国跨度

提起中国人修路、架桥、打通隧道的能力，今天的人们会很自然地想到一个词——“基建狂魔”。这样的基建能力，从何而来？中国人“跨越天山”的历程，恰能描绘出中国基建的“逆袭之路”。

扫码看视频　扫码听书

中国新坐标
新疆·乌鲁木齐
（43° N 86° E）
天山胜利隧道
中国交建承建（隧道总长22.1公里）
中国跨度·乾坤挪移
世界在建最长高速公路隧道·天山胜利隧道

“最美公路”，如何跨越天山

在中国境内绵延1700公里、平均海拔超3500米的天山山脉横贯新疆，将新疆大地分为南疆与北疆，造就了天山南北各具特色的自然、人文景观。但也是这座巍巍雪山，在地理上阻隔了南北疆经济文化交流。

跨越天山，曾是多少人的梦想。

而第一条真正意义上贯通天山的公路就是今天被誉为“中国最美公路”的独库公路。

今天，当人们提到独库公路时，脑海中想到的是人们争相打卡拍照的“网红公路”，是“一日游四季，十里不同天”。

这条纵贯天山南北的公路，连接了克拉玛依市独山子至库车市，因此也被当地人称为天山公路。全长561公里中，有一半路段海拔在2000米以上，最高处的铁力买提达坂海拔达到3400多米。

倘若你6—9月来到独库公路，可以完整感受到一年四季的气温变化，从深山峡谷间的夏季，到最高处气温接近冰点，沿途串联起“百里画廊”唐布拉、“空中草原”那拉提、“九曲十八弯”巴音布鲁克等知名景点，一路上景观之壮美、地势之险峻，令人赞叹叫绝。

但大多数人不知道的是，这条公路最初的设计是西部边陲国防公路，为修建这条公路，在近10年时间里，有168名筑路官兵献出了生命。

20世纪70年代，天山独库公路工程建设拉开序幕。中交二公院四分院副总工程师高晖介绍，这条沟通南疆与北疆的交通大动脉，地势曲折险峻，沿途要穿越大量的悬崖绝壁、冰雪冻土，雪崩、泥石流等自然灾害时有发生。

在当时的技术条件下，勘测工程师和筑路官兵用着手提肩扛的原始手段，克服极端气候与环境开凿隧道。

施工中，有一处6公里悬崖陡峭、被称为“飞线”的路段。上仰，是几近垂直的悬崖峭壁；下望，是万丈深渊峡谷。前期勘测时，来自中交一公院和二公院的老一辈勘测设计团队无法攀登测量，只能在图纸上用虚线标注。

独库公路博物馆资料显示，“飞线”施工风险极大，一般先打一个洞，铆一根钢钎，吊一根安全绳，将炮手沿悬崖缓缓放下；他们身背风钻，腰缠炸药包，悬在悬崖边，打眼放炮。图纸上的“飞线”就这样从虚线变成现实中的一条公路。

为了让跨越天山的梦想早日实现，勘测工程师们坚守在没有水电和信号的山上，24 小时值守保障施工，食用水耗尽就饮冰吃雪，直到完成关键的隧道洞口、重要路段的铺设。

1983 年，独库公路正式建成，跨越天山成为现实。

但受气候等因素影响，独库公路每年仅可通车 4 个月。中交公路规划设计院副总经理周育峰告诉记者，目前，中交公规院和二公院正在对新规划的独库高速公路开展前期工程可行性研究。按照设计，新独库高速通行时间缩短近 9 小时，可实现全年全天候通车。

在建最长高速公路隧道，用上自主研制设备

时至今日，独库公路早已不是跨越天山的唯一通道。跨越天山，也更多地承载着促进当地经济发展的目标。

2021 年 12 月，历时 5 年 4 个月建设、全长 11.775 公里的东天山隧道正式开通。该隧道由中交一公局集团投资建设运营，是新疆目前通车运营最长的公路隧道，也是第二条贯通天山的交通要道，连接畅通哈密天山以北和天山以南区域交通。

与蜿蜒起伏的独库公路不同，东天山隧道通车后，只需 10 分钟便可贯通天山南北。

跨越天山的征程未曾中断。

这两条公路之间，由中交集团投资建设的第三条贯通天山的公路——乌尉高速正在建设。乌尉高速全线建成后，从天山北侧的乌鲁木齐到天山南麓的尉犁车程将由现在的 7 个小时缩短至 3 个小时。

新疆乌尉天山胜利隧道进口

［中交集团供图］

中国交建新疆乌尉公路包项目总工程师苗宝栋介绍，项目穿越海拔超过3000米的天山、阿尔金山，跨越世界第二大流动性沙漠塔克拉玛干大沙漠腹地，途经罗布泊、阿尔金山两大“无人区”，其规模大，分布广，自然环境恶劣，工程施工难度大，施工环境复杂。

该项目于2019年正式动工，其中长约22.1公里的天山胜利隧道是目前世界上在建最长的高速公路隧道。

该隧道洞口海拔2780米，年平均气温仅–5.4℃，极端最低气温达–42℃，整个隧道要穿越16个地质断裂带，围岩稳定性差，坍塌、突水涌泥风险大。

今时不同往昔。如今，施工人员不再需要“飞线”施工，还用上了自主研制的先进掘进设备和工艺。

超过22公里的超长隧道如果采用传统工艺，施工周期要6~12年且风险极高，建设者们为天山胜利隧道独家定制“TBM中导洞＋主洞钻爆法”组合工艺。

天山胜利隧道进口端的“天山号”硬岩掘进机(TBM)由中交集团自主研制，开挖直径为8.43米、全长282米、重约2000吨，如同一座巨无霸掘进“堡垒”，可应对复杂多变的地质环境。

在建最深、最大高速公路竖井

[中交集团供图]

TBM 具有自动化程度高、现场作业环境好、施工效率高等优点，快于传统钻爆法 3~10 倍，使工期缩短至 52 个月。据介绍，TBM 掘进机现正以日均 30 米的速度快速掘进，创造大直径 TBM 在复杂地层掘进新速度。

“基建狂魔”，是这样炼成的

如果从 1983 年独库公路正式建成算起，到 2023 年恰好 40 年。

从独库公路到东天山隧道，再到天山胜利隧道，三条打通天山南北之路，见证了中国基建的高速发展，也见证了中国人民无惧无畏、敢将天险变通途的意志与决心。

“基建狂魔”同时带动了周边人民生活的改善。

生活在天山脚下的哈萨克族小伙儿奴尔拉提在接受采访时说：“我们的村庄和牧场就在天山脚下，曾经山高路远，去个哪也不方便。东天山隧道开通前的时候，从巴里坤去哈密，走老省道跑一趟就需要 3~4 个小时，冬天要是碰上下雪天，一堵车那时间就更长了，有时遇上个急事啥的，就是想过也过不去。东天山隧道开通后，方便了、也安全了。”

如今，他已“在家门口稳定就业”，在东天山隧道所在的 G575 公路，从事公路养护工作。

据了解，中交集团新疆项目实施过程中注重员工的属地化。“我们到一个地方建设基础设施、繁荣当地经济，还要力争让属地老百姓直接获益，让他们在项目上得到培训、掌握技能、挣到钱，过上幸福生活。”中交哈密交通建设有限公司副经理耿志国说。

“跨越天山”的故事还在继续。

2023 年 6 月，中交集团中标 G219 线昭苏至温宿公路全线控制性工程西天山特长隧道。项目建成后，从伊宁至阿克苏的里程将由 1710 公里缩短至 500 公里。该线路也将成为继独库公路、东天山隧道、天山胜利隧道之后，第四条跨越天山的通道。

为建设团结和谐、繁荣富裕、文明进步、安居乐业、生态良好的美好新疆，中央企业不仅“三跨天山”，联通南北疆，还立足新疆区位优势，建设对外开放大通道，把新疆的区域性开放战略纳入国家向西开放的总体布局中。中交二公局牵头三公局、中国铁路乌鲁木齐局集团有限公司等多家政企单位组建新疆将淖铁路有限公司，共同参与投资建设了新建淖毛湖至将军庙铁路，计划 2023 年 9 月通车，将进一步满足“疆煤外运”的需要、促进新疆经济发展、保障国家能源安全。

（中国新闻网　宋宇晟）

〖纵横时空解锁中国跨度〗

在祖国的大西北，平均海拔超3500米的天山横贯新疆。西侧的独库公路迎来游客纷至沓来；东侧的G575巴哈公路货物忙碌通行；位于两者之间，乌尉高速公路建设按下“加速键”……中交集团等“基建狂魔”三跨天山无人区，路桥隧连接南北疆。国资央企为中国跨度写下新的注脚。

从交通阻滞，到人享其行、物畅其流，跨江河、跨峡谷、跨群山，国资央企用“跨度”量化越过的阻隔。从跨海大桥到环沙漠铁路，从“嫦娥”探月到“羲和”逐日，跨天堑、跨鸿沟、跨时代。新时代，中国跨度的内涵不断扩充。中国跨度是跨越阻隔、跨步前进的尺度。

寻常的成就不足以称作伟业，分毫的前进也不足以称作跨越。中国跨度的由来，与中国式现代化的实践路径息息相关。在过去，非跨越不能赶上时代；在未来，非跨越不能迎来复兴。与西方国家不同，中国的现代化要在不到100年的时间里完成，工业化、信息化、城镇化、农业现代化的任务如此繁重。在多任务并联、多目标并举的现实面前，我们几步并作一步，跨步走进新时代。前路的任务依旧高度叠加，比跨越空间距离更重要的是，我们要推动传统产业向“新”跃迁，解锁中国式现代化的更多跨度。

坚持长期主义，解锁“此心十年如一日”的时间跨度。中国从一穷二白到世界第二大经济体，在“人均钢铁产量只够打一把镰刀”的基础上成就“基建狂魔”的称号。从国资央企“40年三跨天山”的实践中，我们不仅能看到责任与担当，还能看到长期的专注和投入，这对于我们今后实现更大跨越有一定的启示意义。包括基础设施建设在内的许多传统产业，产品市场广、产业规模大、企业数量多，是国民经济和民生保障的基础性行业，在稳增长、稳就业等领域承担着托底作用，不能将其当成“低端产业”和“落后产能”一退了之。新兴产业将是以后的传统产业，传统产业也是从前的新兴产业，二者不是相互取代的关系，更多的是一种

中交集团承建的张靖皋长江大桥设南、北两座航道桥。南航道桥主跨 2300 米，是世界最大跨度桥梁。大桥主体工程已于 2022 年 6 月 28 日正式开工建设，预计 2028 年通车

[中交集团供图]

相互依存、深度融合的关系。对传统产业进行改造升级直接关乎现代化产业体系建设全局。政策规划、资金投入、工艺创新、管理优化以及产业协同等多方面因素还要继续发挥长期作用，促进传统产业不断向高端化、智能化、绿色化迈进。

突破技术壁垒，解锁“轻舟已过万重山”的发展跨度。技术突破是产业变革的前夜，一代技术孕育一代产业，新一代产业又催生新一代技术。以新老独库公路为例，如果说老独库公路还受限于当时的技术水平，往往只能沿着山脉的起伏盘旋而上，或是“与世无争”地穿梭于崇山峻岭之间，那么随着我国交通基础设施建设主力军自主创新、自我超越，新独库高速已能直面巍巍天山发起挑战，以越岭段 90% 以上的桥隧比，亮剑筑路禁区。面向未来，传统产业是我国在全球竞争中形成非对称竞争优势的关键领域和制高点，在不断精进传统技术的同时，还要重视与新技术的融合，衍生出新业态，以发展的跨度书写强国建设新答卷。

这方面，我们具有明显的制度优势。部分西方国家鼓吹的制造业回流与“全球基建计划”，其实很难完全复制我们高站位的统筹规划、高强度的集中攻坚和高效率的资源调动。

建设共富之路，解锁“一枝一叶总关情”的民生跨度。我国经济的快速发展为企业履行社会责任奠定了坚实的物质基础，越来越多的大国工程立足补齐“民生短板”、提高“民生质量”。做好为民服务工作，是国有企业最有效的“广告”、最亮眼的品牌。传统产业往往是与人民生活息息相关的产业。在解锁更长中国跨度的同时，国资央企在围绕保障和改善民生、践行社会责任等方面仍大有可为。一方面，要瞄准百姓需求，尤其要在解决人民群众急难愁盼问题上取得更多成果，引导传统产业满足人民日益增长的美好生活需要，实现更高质量、更有效率、更为安全的供给，让人民的梦想照进现实。另一方面，要主动融入和促进当地经济，扩大服务领域，带动产业上下游发展，保障产业链供应链安全稳定。还要把集中力量办大事的制度优势和企业创新的主体作用结合起来，推动发展成果惠及当地群众，以民生跨度助力中国梦实现。

跨越九天寰宇，比天更高的是探索的目光；跨越碧波无涯，比海更远的是奋斗的脚步；跨越高远之极，比地更广的是圆梦的雄心。国资央企必将继续挥洒豪情与汗水，创造更耀眼的中国跨度，不断重塑神州大地的时空格局。

（《国资报告》杂志社　龚梓谦）

第三章

细如发丝却比钢强！

中国强度

刚柔并济

飞机、风力发电叶片、斜拉索大桥、专业自行车、羽毛球拍……这些看似毫无关联的东西，其实都会用到同一种新材料——碳纤维。这种优质材料背后有着复杂的技术工艺。攻克核心技术，没有窍门和近路。面对国外技术封锁，为摘下碳纤维这颗“材料皇冠上的明珠”，中国人经历了艰难的研发历程。

扫码看视频　扫码听书

中国新坐标
青海·西宁
(36° N, 101° E)
中国强度·刚柔并济
国之大材·全球海拔最高的高性能碳纤维生产基地

“材料皇冠上的明珠”

“碳纤维是一种神奇的材料。”在中国建材集团中复神鹰党委书记、副总经理罗皞宇看来，材料是制造业的基础，而碳纤维相关产品广泛应用于航空航天、风电叶片、体育休闲、压力容器、碳/碳复合材料、交通建设等领域，其重要性不言而喻。

之所以应用如此广泛，与碳纤维的特性有关。

碳纤维具有出色的力学性能和化学稳定性，密度比铝低，强度比钢高，比不锈钢耐腐蚀，是目前已大量生产的高性能纤维中具有最高比强度和最高比模量的纤维。

一束 1 米长的 SYT65（T1000 级）碳纤维，重量只有 0.5 克，但其强度可以承担 500 公斤左右的力量。手指粗的一束碳纤维，就可以拉动两架飞机。

此外，用碳纤维制作的超轻自行车车架，仅用两根手指就可抬起；即便将碳纤维放入具有强腐蚀性的“王水”中也是“波澜不惊”，肉眼难以观察到明显反应。

与如此优质特性对应的，是碳纤维复杂的生产工艺流程。

公开资料显示，生产碳纤维要经过上百道工序，三百多项关键技术、三千多个工艺参数，经过十多个系统的集成才能制作完成。因此，碳纤维也被称为“材料皇冠上的明珠”。

“一天‘烧’掉一辆桑塔纳”

为摘下这颗“材料皇冠上的明珠”，研究人员经历了艰难的研发过程。

我国碳纤维研发始于 20 世纪 60 年代初，但关键核心技术却多年未能取得突破，导致相关产品严重依赖进口。

另外，掌握核心技术的“碳纤维强国”，对我国需要的碳纤维实行“技术、装备、产品”三封锁。中国研发人员只好“另辟蹊径”。

2005 年 9 月，中复神鹰正式启动碳纤维项目，此后相继攻克了高温牵伸机、湿法纺丝工艺百吨线、千吨线原丝制备和碳化工艺等全流程的关键技术。2007 年，中复神鹰产业化生产的第一批碳纤维下线; 2008 年，建成了千吨 SYT35(T300 级) 碳纤维生产线。

2006—2012 年，中复神鹰主要从事湿法工艺 T300 碳纤维的研发和生产，建成千吨 SYT35（T300 级）碳纤维生产线，并实现稳定生产。

然而，从 T300 碳纤维“升级”到 SYT65（T1000 级）碳纤维，却远不如想象中的容易。甚至，企业在研发高潮阶段“每天‘烧’掉一辆桑塔纳”。

中国建材中复神鹰西宁公司总经理连峰告诉记者，在此期间，公司每天投入都达到“大几十万”。“因为前期投入大量的研发费用，又没有新的产品，所以这是我们发展‘最黑暗的时期’，每天都在亏损。”

经过无数次失败，2008 年，中复神鹰千吨碳纤维生产线正式投产。2012 年，中复神鹰首个干喷湿纺千吨级 T700 生产线建成投产，成为当时国内最大、技术最先进的高端碳纤维生产线。2018 年，中复神鹰牵头完成的“干喷湿纺千吨级高强 / 百吨级中模碳纤维产业化关键技术及应用”项目荣获国家科技进步一等奖。

中国人用世界上先进的干喷湿纺技术，成功做出了“中国碳纤维”。

“一家创新”带动产业链“N 家更新”

“现在说出来十分轻松，但当时真的是太难了。”中复神鹰董事长张国良曾这样感慨。

“比如，纺丝液要经过空气层，这个环节最难的地方在于，如何在那么短暂的时间里把纺丝液细流快速从水里拉过去。纺丝液进入水中后，本身没有强度，但又需要以很快的速度朝前拉，而且要马上形成强度。该怎么办？得靠温度。光是试这个温度，我们当时就试了无数次，最后才终于试成功了。再比如纺丝速度，干喷湿纺工艺下，意味着我们要把纺速从此前的 70~80 米 / 分钟，一下子提高到 400 米 / 分钟，这个技术难度更是可想而知。可以说，这个工艺的理论模型，我们就是这样一步步总结、一点点建立起来的。”他说。

碳纤维

［中国建材供图］

从最初技术上的逐步尝试，到如今万吨碳纤维基地已投产。原材料企业攻克核心技术，下游各类生产企业就能拿着新材料做新产品，实现了“一家创新”带动“N 家更新”。

2021 年 9 月，位于青海西宁的中复神鹰西宁万吨碳纤维基地投产，这也是全球海拔最高的高性能碳纤维生产基地；全面投产后，该基地成为全球唯一一个规模超过 2 万吨的高性能碳纤维生产基地。

连峰直言：“这既是我们响应市场需求，也是集团在新材料领域的战略部署，就是要做大做强新材料产业链。”

他介绍，目前该基地主要生产 T700、T800、T1000 一系列级别的产品。“在这些产品大量供应市场后，能够进一步满足国内航空航天、风、光、氢、新能源等诸多领域的应用，同时也保障了我们国家碳纤维的自主生产能力，实现了关键领域材料的国产化。”

据了解，目前，中复神鹰连云港总部已实现 T1100 级碳纤维的成功制备。

（中国新闻网　宋宇晟）

【强国使命锻造中国强度】

密度比铝低、强度比钢高，手指粗的一束碳纤维，就能拉动两架飞机……中国建材中复神鹰西宁公司已经攻克“材料皇冠上的明珠”——碳纤维的研制技术，建成我国首个万吨级高性能碳纤维生产基地。

绝缘强度、抗拉强度、承载强度、耐磨强度……一项项物理指标的突破，让中国强度名副其实；高强度材料、高强度构件、高强度装备……“中国强度”的家族不断壮大，碳纤维只是其中一个缩影。

当我们回过头来看，是什么造就了“中国强度”？不难发现，一个积贫积弱的国度，诞生不了“中国强度”；根基薄弱的产业体系，成就不了“中国强度”。合抱之木，生于毫末。中国强度，也不是天生强大，而是在承担强国使命、推进科技自立自强、绘就强国图景的过程中由弱到强。面向未来，不管是做强做专，还是增强核心功能，从新一轮国有企业改革的多个方面来看，打造更多的中国强度新标杆都是未来产业发展的关键所在。

打造中国强度新标杆，必须补强短板，发挥战略支撑作用。近年来，世界经济复苏动力不足，许多发达国家醉心零和博弈，逆全球化抬头，科技创新制高点的争夺空前激烈。尤其在高、精、尖相关领域，我们仍面对“技术、装备、产品”三重封锁。一些行业多学科交叉渗透、多产业融合、知识密集，短板效应开始显现，不论是弯道超车还是保持领先，都非易事。国资央企作为战略科技力量的主力军，首先要服务“国之所需”，尽快突破“卡脖子”问题，努力把关键核心技术掌握在自己手里，推动中国强度服务国家战略。因此，打造中国强度新标杆不能依靠碰巧去撞、被动去等，而是国家需要什么、行业呼唤什么，国资央企就要耐心做什么。在科技领域的大赛场上，国资央企应该以坚定的决心，成为填补市场空白的“补链者”。

在中国建材下属的中复神鹰碳纤维西宁有限公司，工作人员在整理高性能碳纤维原丝

[中国建材供图]

打造中国强度新标杆，必须做强产业，打造现代产业体系。现代产业体系是现代化国家的物质技术基础，打造中国强度必须有强大的产业链作为支撑。市场要不要进入、产品要不要研发，关键之一是能否提高产业控制能力，是否有助于产业智能化、绿色化、集群式发展，这是新一轮国企改革深化提升行动的鲜明导向，也是国有企业在决策关头要考虑的关键命题。以碳纤维为例，国有企业的创新成果和市场突破还带动了下游各类企业产品的研发，实现“一家创新、N 家更新”。所以说，国有企业要始终按照国民经济发展方向和自身功能定位，在与主业高度相关的领域适当开展多元业务，以规模效应和集群优势拉动产业上下游，成为引领产业发展的“强链者”。

打造中国强度新标杆，必须铸强品牌，塑造独特竞争优势。品牌是企业实力乃至国家竞争力的综合体现。我们曾长期对标世界其他标杆企业，奋力追赶，从无到有，从有到优，直到如今自主研发 T1000 级碳纤维。这样的故事，在不少领域都已上演，或者正在上演。但从实现中国强度的产品突破，到打造中国强度的大国品牌，我们还有一段路要走。近几十年来，大型跨国集团纷纷布局全球工厂，以价值链切割、精细化分工、本土化经营、上下游共生的策略撬动全球资源、提高生产效率。在这样的背景下，要想推动中国强度进一步走向世界舞台，就必须坚持科技自立自强，在突破技术封锁的同时，丰富产品序列和应用场景，提高产品附加值和竞争力，扩大中国强度的全球“朋友圈”和“客户池”，真正在国际市场上有所作为。

见证由弱到强、投身产业补强、实现自立自强……中国强度的内涵随着中国式现代化的推进而日益丰富。其作始也简，其将毕也必巨。随着越来越多的企业打造出中国强度新标杆，中国强度将在产业链上各个环节发挥强有力作用，为中华民族伟大复兴铺就坚实的强国之路。

（《国资报告》杂志社　龚梓谦）

中国力度

第四章

登顶世界水电『珠峰』！

中国力度

自有万钧

在四川省宁南县和云南省巧家县交界的金沙江河道上，坐落着当今世界技术难度最高、单机容量最大、装机规模世界第二的水电工程——白鹤滩水电站。这座被誉为水电行业“珠峰”的水电站，在引领世界水电进入百万千瓦时代的同时，更让金沙江库区焕然一新。

扫码看视频　扫码听书

中国新坐标
四川·宁南 云南·巧家
(102° N, 26° E)
中国力度·自有万钧
拥有多项世界第一·白鹤滩水电站

硬核科技之力：“拥有多项世界第一”

运行中的百万千瓦发电机组顶盖上，竟能够稳稳地竖起一枚硬币?

在白鹤滩水电站，这样平稳运行的画面每天都在发生。这背后是我国遥遥领先的水电技术。

“白鹤滩水电站安装了16台全球最大水轮发电机组，单机容量达到100万千瓦。单台机组高度50米，重达8000多吨，运转一个小时发出100万度电，可以满足一家人400年的用电。机组以每分钟111圈飞速运转起来，却非常平稳，整体摆动小于一根头发丝。”

三峡集团白鹤滩工程建设部副主任康永林告诉记者，已实现100%国产化的百万千瓦发电机组表明，我国在水电技术领域已“遥遥领先其他国家”。

放眼全球，百万千瓦机组还没有先例，是中国“智造”引领世界水电进入百万千瓦时代。

三峡工程建设之前，我国水电机组的设计制造水平停留在30万千瓦。彼时，我国在这一领域的技术较发达国家落后至少30年。在三峡工程科技创新基础上，到了21世纪第一个10年溪洛渡水电站77万千瓦机组、向家坝水电站80万千瓦机组竣工投产之时，国产机组距离100万千瓦的梦想已越来越近。

从“跟跑”到“并跑”再到“领跑”，水电重大装备国产化机组设计制造水平不断刷新纪录。

三峡集团白鹤滩工程建设部技术管理部副主任周孟夏直言，百万机组意味着中国水电重大装备制造能力已经超越世界同行，进入了“无人区”。如果把这台机组拆开，几乎每一个零件、每一个单项都是世界第一。

而这也只是白鹤滩水电站诸多“世界第一”中的一部分。百万千瓦发电机组之外，白鹤滩水电站还拥有规模世界第一的地下洞室群、规模世界第一的无压泄洪洞群、规模世界第一的圆筒式尾水调压室；白鹤滩大坝全坝应用低热水泥混凝土，是世界首次全坝使用低热水泥混凝土；300 米级高拱坝抗震参数也位列世界第一。

重塑山河之力：世界最大清洁能源走廊，综合效益显著

白鹤滩水电站在刷新纪录的同时，亦改变了周边自然环境。

“金沙江地处干热河谷，过去的山上没有什么植被，全部是荒山，光秃秃的。”在白鹤滩电厂厂长张舸看来，白鹤滩水电站的建设建成后，周边小环境的改变有力改善了当地的生态环境。

如今，白鹤滩水电站上游是高峡平湖，两岸绿草茵茵。

周孟夏给出了这样一组数据：“在（白鹤滩水电站）施工前，金沙江的干热河谷都是中度、重度水土流失区，每公顷每年的水土流失量在 2000–3000 吨。经过治理，水电站枢纽区每公顷每年的水土流失量 500 吨以下。”

同时，水电站的百万千瓦机组带来了巨大的减排效益。

白鹤滩水电站多年平均发电量约 624 亿千瓦时，相当于每年可节约标准煤 1968 万吨，减少二氧化碳排放 5160 万吨、二氧化硫排放 17 万吨。

2022 年 12 月 20 日，白鹤滩水电站最后一台机组完成 72 小时试运行，正式投产发电。至此，白鹤滩水电站 16 台百万千瓦水轮发电机组全部投产发电。

这标志着世界最大清洁能源走廊在长江之上全面建成。

世界最大清洁能源走廊由三峡集团在长江干流建设运营的 6 座巨型梯级水电站组成。长江干流上的乌东德、白鹤滩、溪洛渡、向家坝、三峡、葛洲坝等 6 座水电站连珠成串，共同构成了一条跨越 1800 公里的世界最大清洁能源走廊。这条走廊上的 110 台水电机组，总装机容量 7169.5 万千瓦，年均生产电能约 3000 亿千瓦时，可满足 3.6 亿人一年的用电需求。

6 座巨型电站联合调度、协同运行，年均发电量达 3000 亿千瓦时，每年可节约标煤约 9045 万吨，减少排放二氧化碳约 2.48 亿吨。

中国工程院院士、中国三峡集团科学技术委员会顾问张超然曾撰文指出，通过流域梯级电站联合调度，不仅扩大了发电效益，实现了“一滴水发六次电”，还将更好发挥水电站防洪、航运、生态保护、水资源综合利用等多种功能。

造福民生之力：金沙江库区的千年巨变

“金沙自古不通舟，水急天高一望愁。”

千百年来，交通闭塞，是金沙江沿岸地区经济发展迟滞的原因之一。水利设施的修建，让当地人的出行条件得以改变。

资料显示，白鹤滩水电站建成后，金沙江下游四个梯级水库常年回水区河段累计长约612千米，实施翻坝转运设施后，通过水陆联运，可实现“攀枝花—水富”全河段上下游水运通道联通，为建设综合立体交通走廊创造了条件。

与此同时，在枯水期，世界最大清洁能源走廊已累计向下游补水超 340 亿立方米，增加中下游航运水深 0.9 米，改善了长江干流“黄金水道”的通航条件，有效保障了下游春耕以及生产生活用水需求。

白鹤滩水电站不仅改善了周边地区交通、通信等基础设施条件，报道显示，水电站建设高峰期还为当地增加就业约 8 万人。

曾经傍水而居的人们，也因为白鹤滩的建设，住进新家。

紧邻白鹤滩水电站的巧家县人深有感触。巧家县水电移民服务中心副主任谭再明感慨：“要不是白鹤滩水电站，巧家再过 20 年也不会发展成现在这样。”

三峡集团移民工作办公室副主任刘灿介绍，白鹤滩水电站于 2021 年 3 月完成移民搬迁。搬迁后，当地新建居民点实现了水、电、路、通信、广播、电视、污水垃圾处理设施全覆盖，学校、卫生院等设施全部配套到位。

搬迁前，当地群众普遍居住的是土木、土混、砖木结构的房屋，搬迁后基本改善为框架或砖混结构的住房，新建住房也按照最新抗震等级要求进行了设计。

航拍白鹤滩水电站

［中国三峡集团供图］

以白鹤滩为例，搬迁前库区移民住房54%为土混和土木结构房屋，而在安置点，新建的移民房屋基本为框架、框剪结构。原先低矮的土房、砖房成为“过去时”，库区新建移民房屋面积613万平方米，人均住房建筑面积达65平方米/人；云南侧小高层鳞次栉比，户均房屋达到1.3套/户。

带领村民搬迁已有三个年头的万吉祥告诉记者，大家的生活结结实实发生了变化。“以前买个东西就要走几个小时，现在出门临街就有市场、商店。”

他所在的望江社区，共有移民安置房24栋、1511套，安置移民1500户、3919人。

（中国新闻网　宋宇晟）

〔核心能力铸就中国力度〕

位于四川省宁南县和云南省巧家县交界处，依江而起的白鹤滩水电站耸立在山谷间，承受了 1650 万吨的最大水推力。整个工程创造了水电行业的多项世界第一：共安装了 16 台全球最大水轮发电机组，单机容量达到 100 万千瓦。单台机组高度 50 米，重达 8000 多吨，运转一个小时发出 100 万度电，可以满足一家人 400 年的用电。《国资报告》记者在现场看到，金沙峡谷深处，运行中的百万千瓦发电机组非常平稳。水电“珠峰”的千钧之力为“中国力度”添上浓厚的一笔。

力挽江河、力牵巨龙、力锻金刚、力探苍穹……国资央企以豪迈之姿，创造壮阔之举，展示出强大的“中国力度”。习近平总书记指出，支持国有资本和国有企业做强做优做大，建立中国特色现代企业制度，增强国有经济竞争力、创新力、控制力、影响力、抗风险能力。国有经济是彰显“中国力度”的排头兵，其竞争力、创新力、控制力、影响力、抗风险能力不断增强，才能更好担当起党执政兴国重要支柱和依靠力量的责任，凝聚新时代发展的磅礴伟力。

“中国力度”展现了国有经济的竞争力。提升核心竞争力，是国有经济增强核心功能，更好服务国家战略的必然要求。无论是白鹤滩水电站屹立世界水电工程建设之巅，还是中远集团与中国海运重组后，在综合运力、集装箱码头吞吐量等多个方面实现“全球第一”，无不充分体现国资央企的竞争实力。党的二十大报告提出：“推动国有资本和国有企业做强做优做大，提升企业核心竞争力。”在新一轮国企改革中，更需以市场化方式推进战略性重组和专业化整合，更大力度布局前瞻性战略性新兴产业，推动传统产业数字化智能化绿色化转型升级，提高现代化管理水平，从科技、效率、人才、品牌四大领域下功夫，推动更多国资央企成为堪当时代重任的大国重器、强国基石。

“中国力度”凸显了国有经济的创新力。从水轮发电机单机容量为 100 万千瓦世界第一到地下洞室群规模世界第一，从圆筒式尾水调压室规模世界第一到300米级高拱坝抗震参数世界第一，从无压泄洪洞群规模世界第一到首次全坝使用低热水泥混凝土，白鹤滩水电站创造的各项世界第一，每一项都离不开创新。创新决定着企业的未来，也决定着未来的企业。近年来，国资央企研发投入逐年增加，科研成果转化数量逐年增多，创新能力普遍增强，创新效率显著提升。创新工作无止境。作为国家战略科技力量，国资央企提升创新力，既是推动高质量发展的必然要求，也是提高整体效益的重要引擎。随着新一轮国企改革深化提升行动启动，对国资央企的创新能力提出更高要求。国资央企要强化企业科技创新主体地位，把科技创新摆在核心位置，围绕产业链来部署创新链，着力解决制约企业科技创新的机制、投入、人才、转化等突出问题，不断增强原始创新和自主创新能力，努力取得一批前瞻性、原创性、颠覆性技术成果，助力高水平科技自立自强。

“中国力度”折射出国有经济控制力、影响力、抗风险能力的持续提升。以大飞机、5G通信、工业母机等为代表，国资央企在更多国计民生领域越来越自主可控；以嫦娥探月、蛟龙深潜、神舟飞天、北斗领航、天眼巡空、天问探火等为代表，国资央企的世界影响力日益增强，三年疫情防控，应对多次自然灾害冲击，国资央企在应对风险中越来越有力……力当砥柱、力克万难、力争领先，国资央企聚焦服务国家战略需要，全面提升发展质效，为我国经济社会稳步向好提供了有力保障。面向未来，仍要继续聚焦主责主业，扩大品牌知名度和国际话语权，有效防范化解重大风险，加快建设一批产品卓越、品牌卓著、创新领先、治理现代的世界一流企业，更好发挥科技创新、产业控制、安全支撑作用。

站在新的历史起点上，国资央企要以更大的决心和更切实的行动，坚定不移把新一轮国企改革持续推向深入，不断做强做优做大，更好迸发出推动高质量发展的磅礴之力。

（《国资报告》杂志社　曹婷）

第五章

毫米之间智造大型设备

『中国心』『争气机』！

中国精度

精益求精

三峡水电站、白鹤滩水电站是如何发电的？中国“争气机”如何突破技术封锁？这些人们耳熟能详的大国重器，与工程技术人员对“中国精度”的不断追求密不可分。

中国精度

扫码看视频　扫码听书

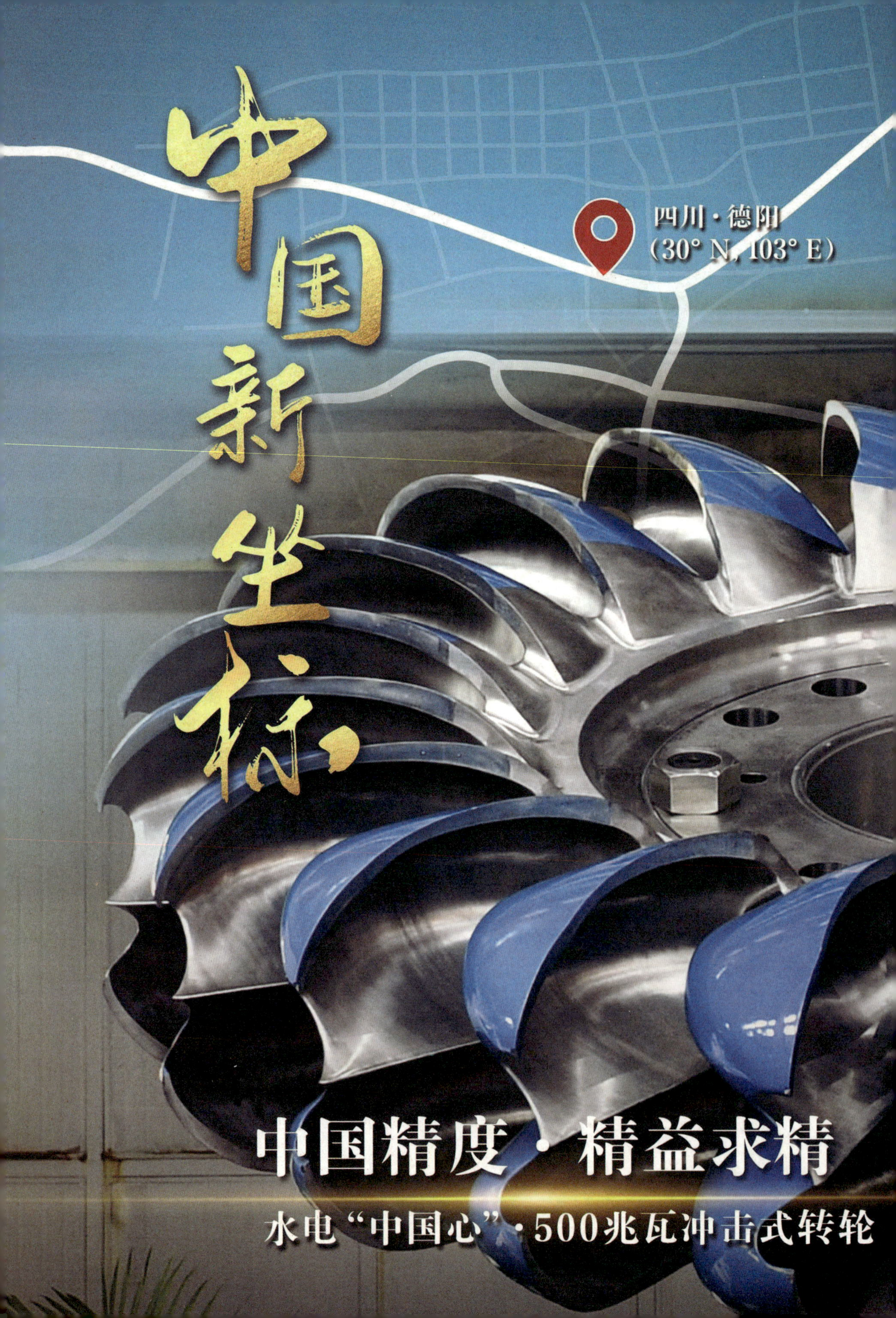
中国新坐标
四川·德阳
(30° N, 103° E)
中国精度·精益求精
水电“中国心”·500兆瓦冲击式转轮

技术上精雕细琢，大国重器上演“铁壁绣花”

位于四川德阳的“中华第一跨”重跨厂房，始建于 20 世纪 90 年代，厂房长约 400 米，宽 36 米，高 33 米，云集了一批中国乃至世界一流的加工设备。由于其超大的规模和超强的制造能力，被誉为“中华第一跨”。

据介绍，三峡、白鹤滩等巨型水电机组重要部件就产自这座厂房，而这些大型设备的运输起点也是大型产品出川运输重要通道——大件公路的“零起点”。

东方电气集团东方电机有限公司数智部副部长蒋彦坤告诉记者，在这里研制的发电装备约占中国总装机容量的 1/4，也就是说中国每 4 度电就有 1 度源于东方电气集团的装备。

记者了解到，就在上个月，由东方电气集团旗下东方电机牵头研制的世界首台单机容量最大功率 500 兆瓦冲击式水电机组转轮中心体锻件全面通过验收，实现了 500 兆瓦高水头大容量冲击式水电机组研制里程碑突破。

目前，500 兆瓦冲击式水电机组转轮正在“中华第一跨”厂房中进行 3D 打印增材制造。

记者在厂房中注意到，该技术由远程操控，可多机器人无人值守作业，如同在铁壁上“绣花”。

蒋彦坤表示，目前这一技术已实现定制化设计，制造上也可达到“所焊即所得”效果。“通过表面纳米化技术的开发与应用，转轮表面粗糙度可达到镜面效果。”

事实上，自 20 世纪 90 年代建成以来，这间厂房就未曾停止对精度的追求。

东方电气集团东方电机有限公司数智部副部长李浩亮回忆，20 世纪 90 年代的设计是用笔在画图纸，如同画画一样；2000 年以后，设计师们开始使用软件进行设计。到现在，设计基本上都是基于三维模型驱动，并且实现了三维研发、设计、工业质检制造协同。“结合三维我们可以完成参数化的一些设计，和后面的研发、生产制造高效协同。整体研发效率可以提高 40% 以上。”他说。

以正在厂房加工的核电主轴为例，蒋彦坤告诉记者，这一核电主轴重量接近250吨，轴颈作为转轴轴承的支撑部位，加工精度要求跳动小于0.01毫米。如今的技术完全能够达到这一水平，也只有这样才能有效减少震动，保证核电站的平稳运行。

流程上精益求精：“争气机”突破技术封锁

精度提升的同时，多年被封锁的技术得以取得突破。

“目前，东方电气集团已具备了燃机全部部件的加工制造能力。”东方电气集团东方汽轮机有限公司全重实验室副主任田晓晶介绍，G50是国内首台完全正向自主设计制造试验的燃气轮机，打破了70多年的技术封锁。

G50燃气轮机是国内首款具有完全自主知识产权的F级50兆瓦重型燃气轮机。2023年3月，G50燃气轮机顺利通过电厂96小时商业运行考核，G50研制成功。G50燃气轮机也被誉为“争气机”。

田晓晶告诉记者，以叶片加工无人车间和黑灯产线为例，加工的叶片精度达到0.03毫米，比一根头发丝直径还小。

值得一提的是，5G、虚拟现实等各类前沿技术，也逐步被应用到工业生产中。

记者了解到，东方电气集团旗下东方汽轮机建成了5G全连接数字化工厂，以27个宏基站和240个微基站构建5G专属网络，在园区部署超过30万个数字测点，应用自主研制的工业互联网底座，实现企业经营六大板块数据驱动、业务协同。

此外，公众在短视频、电子游戏中常见的虚拟现实技术，也在东方电气集团的车间中得到应用。

资料显示，东方汽轮机重型一分厂的“总装数字化车间”，开创了汽轮机虚拟装配的全新模式，平均效率提升超75%、质量提升超40%，具备产品生产精准配套、通流精准预测、产品精准交付三大优势。

田晓晶告诉记者，在研制 G50 燃气轮机的 14 年过程中，东方汽轮机与配套的 300 多家企业开展了合作，目前已与其中 28 家组建了产业联盟，以实现中小燃机产业链的完全自主可控。“未来，我们也希望有更多企业参与合作。”她说。

致广大而尽精微：“中国装备，装备中国”“中国装备，惠及世界”

在东方电气集团，类似的成绩还有很多。

采访中，东方电气集团东方电机有限公司研发中心副主任宋敏向记者讲述了这样一个细节：“虽然东方电气诸多厂房都位于四川德阳，但你能在这里听到不少带有东北口音的名词，其中很多甚至已成了今天东方电气人的说话习惯。”

这一细节的背后，是东方电气集团绵延 60 余年的历史。

20 世纪 50 年代，源于国家开发西南水电的战略构想，来自五湖四海的建设者汇聚德阳，开始建设拥有大型发电设备制造能力的工厂。随着“三线建设”开启，1965 年，德阳水力发电设备厂更名为东方电机厂，1971 年东方锅炉厂建成投产，1974 年东方汽轮机厂建设完成。

这期间，很多工程建设人员是从东北抽调到四川德阳，白手起家、艰苦奋斗，也扎根于这片土地，造就了当地的“东北方言孤岛”。

回溯历史，凭借对精度的追求，无数大国重器从这里“走出”。

1981 年，东方电气成功研制迄今世界上转轮直径最大的葛洲坝 170MW 轴流转桨式水电机组，获得首届国家科学技术进步奖特等奖。1984 年，成功研制当时国内单机容量最大的龙羊峡 320MW 水轮发电机组。1987 年，研制出当时东方的“争气机”——东方型 300MW 汽轮机。

在三峡工程建设中，东方电气人率先研发具有自主知识产权的世界首台 700MW “自循环蒸发冷却”机组，为三峡大坝装上了“中国心”，实现了“中国装备，装备中国”的跨越。

500 兆瓦冲击式转轮

［东方电气集团供图］

“装备中国”不是终点，“惠及世界”已成为新的目标。今天，东方电气集团已为巴西、埃塞俄比亚、波黑等 100 多个国家和地区提供发电设备。

东方电气集团东方电机有限公司数智部副部长李浩亮透露，明年东方电气还将建成新的焊接厂房，未来可全部实现机器人焊接作业。

（中国新闻网　宋宇晟）

〔精益求精雕琢中国精度〕

水电机组转轮增材制造表面光滑如镜，250 吨核电主轴加工精度跳动小于 0.01 毫米，5G 全连接数字化工厂部署超过 30 万个数字测点实现业务协同……位于四川的东方电气集团东方电机有限公司的“中华第一跨”厂房，云集了一批中国乃至世界的一流加工设备。得益于该企业在创新上谋求精心巧思，管理上要求精细严谨，理念上追求精益求精，无数大国重器从这里走出。

图难于其易，为大于其细。千吨水电机组演绎“平衡之舞”，车站整体实现“平移之准”……近年来，一个个大国重器、精密工艺、重磅基建展现的毫厘之功，令世人为之瞩目。微观世界一小步，中国智造一大步。“中国精度”标注着一个个奇迹，在准确无误中铸就大国重器，在不差毫厘中累积宏伟工程，生动诠释了精确、精密、精微、精湛的不懈追求，奠定了高质量发展的坚实基石。

“中国精度”要有科技创新上的精心巧思。当前科技创新已成为国际竞争和大国博弈的主战场，无论是在广袤宇宙中穿针引线，还是在微观世界中铁壁“绣花”，探索“中国精度”旨在掌握更多拥有自主知识产权的关键核心技术。从北斗系统测速精度优于 0.1 米 / 秒，到我国自主研发超薄柔性可折叠玻璃厚度达 30 微米，再到世界首例“五桥同转”球铰安装精度仅 0.5 毫米，广大国企将科技创新作为第一动力，在精密技术上取得重大突破。精密制造解决的是“卡脖子”技术难题，毫厘之功展现了科技领域的强大实力。这些关键技术对推动经济高质量发展具有重要意义，国资央企应当继续立足国家所需、产业所趋、产业链供应链所困，把科技创新摆到“头号工程”，着力打造原创技术策源地。

“中国精度”要有企业管理上的精细严谨。作为行业首个 5G 数字化工厂，东方电气集团实现了人员、技术、资源、制造、产品全领域数据互联互通，进行全流程、精细化的生产管理。这既提高了生产效率和产品质量，也增强了生产全过程的稳定性。精细化管理是科学管理的精髓。企业管理不细、不精，在日益精

东方电机有限公司的大型发电装备行业首个定子冲片绿色“无人车间”智能机器人叠片作业
[东方电气集团供图]

密的技术研发中要想取得新进展，在日趋激烈的国际竞争中要想立于不败之地，无异于缘木求鱼。精细化管理是一项复杂的系统工程，不是针对某一个项目细枝末节的调整，要建立健全系统的管理体系、统一的管理制度、规范的管理标准和有效的管控机制，推动国企发展质量变革、效率变革、动力变革，才能保障每一次重磅基建、每一件大国重器的精准完成。

“中国精度”要有大国工匠的精益求精。我国一直有尊崇工匠精神的优良传统，古有鲁班、蔡伦、毕昇和沈括，今有“航空手艺人”胡双钱、发动机焊接“第一人”高凤林、“深海钳工”管延安等。无数个他们刻苦钻研，终让大国重器站上世界之巅，他们不断创新让中国制造打上“智造”标签，他们勇于挑战让大国基建不断书写奇迹。工匠精神是时代精神的生动体现。小到打磨一枚螺丝钉、一个叶片，大到组装整个燃机、精进行业技术，都浸透了大国工匠对自主创新、“中国精度”的坚守，凝聚着大国工匠闯关夺隘、奋楫笃行的勇气，展示着大国工匠顽强拼搏、永不言败的精气神。步入新时代，大国工匠秉承匠心，涵养精益求精、新益求新的品格，持续淬炼精湛技艺，一定会在“中国精度”上镌刻出新印记。

致广大而尽精微。“中国精度”不断被刷新，只因创新永不止步，只因奋斗从未停歇，只因工匠精神薪火相传。每一次精益求精，都是向着极限再近一点。迈向新征程，仍然需要这样的精度、这样的精神，坚持匠心筑梦，把每一个细节做到完美、把每一件大国重器做到极致，必能以“中国精度”助推中国制造从大到强、从智造到创造的大步迈进。

（《国资报告》杂志社　曹婷）

中国温度

第六章

『数智春风』吹暖雪山脚下山村！

中国温度

情暖万家

迅猛发展的信息技术，正催生出前所未有的数字化浪潮。但在科技飞速发展的当下，如何让更多人享受到数字红利，让科技有温度，亦成为愈发重要的课题。

在四川甘孜的山村，“数智”技术给当地人生活带来了变化，中国科技发展亦带来了中国温度。

扫码看视频

扫码听书

中国新坐标
四川·甘孜新龙县
（100° N, 30° E 海拔3400米）
中国移动
中国温度·情暖万家
移动“数字春风”吹暖雪山下的小山村·腰古村

一段热血的故事：中国 5G“上山”“入地”

2020 年 5 月，登山队员在珠峰峰顶通过 5G 网络拨通电话。登山队登顶测量的高清视频画面，也通过 5G 网络实现了全世界实时共享。

这一年，全球海拔最高的 5G 基站——位于珠穆朗玛峰海拔 6500 米前进营地的 5G 基站投入使用。同年，中国 5G 深入地下 534 米，全国首个煤矿井下 5G 网络建成。

在商用一年之内，中国 5G 就创造了“上山”“入地”的纪录。

这样的成绩源于几十年的持续“追赶”。20 世纪，中国的移动通信事业曾在很长一段时间落于人后。

有报道对 5G 之前中国的移动通信技术做过这样的梳理：1987 年，中国正式进入 1G 时代，“大哥大”的造型深入人心，但核心技术和标准被外企牢牢掌握；1994 年，2G 在中国落地，发送短信成为可能，手机也越来越平民化；2009 年，工信部发放 3G 牌照，更高的带宽和更稳定的传输速度让移动互联走入现实，国产手机顺势而起；2013 年，4G 牌照如期而至，中国自主研发的 TD-LTE 标准得到了广泛使用，催生了移动支付、短视频等全新业态。

从“3G 突破”“4G 同步”到“5G 引领”，中国移动通信技术完成了从“追赶”到“引领”的历程。

2021 年，我国固定宽带平均下载速率 62.55Mbit/s，比 2013 年增长 16.7 倍；移动宽带平均下载速率 59.34Mbit/s，比 2016 年增长 4.0 倍。

与此同时，中国信息基础设施实现跨越发展，已建成了全球规模最大的光纤和移动宽带网络，全国已实现“村村通宽带”“县县通 5G”“市市通千兆”。

就在 2023 年 9 月，工信部、财政部联合印发的《电子信息制造业 2023—2024 年稳增长行动方案》提出，2024 年，我国手机市场 5G 手机出货量占比将超过 85%。

一个温馨的起点：雪山下的村子进入数字时代

技术进步不是终极目的，科技终究要为人服务。

但对于身在大山深处的村民来说，要享受到这样的前沿科技成果，并非易事。

雄龙西乡腰古村，位于四川甘孜，是国家乡村振兴重点帮扶县新龙县下辖的行政村，平均海拔超 3200 米，村民主要种植小麦和青稞等农作物。

这里山清水秀、风景优美、物产极具特色。但当地人告诉记者，此前相当一段时间里，由于信息不畅，外界并不了解这个雪山下的村子。为让像腰古村这样的偏僻山村也进入数字时代，工程人员需要将信号基站建设在高山之上。

中国移动四川甘孜州分公司网络部经理邓舰还清楚地记得，最初建站时，上百斤重的工具、基站设备，全靠人背肩扛，牛拉马拖。

“在甘孜，我们大量的基站位于更高海拔的高山之上，很多地方不通公路。在建设丹巴三岔河基站时，中途有条从悬崖上开凿的仅供一人通过的小路，为了将衣柜大小的设备机柜搬运至机房，我们只能前后两人用一根木棍挑着，下面叫两人跪在地上背着设备‘手脚并用’地将设备运过去。因为是崎岖的山路，跪在地上的同事膝盖都磨破了，可他们没有喊一声疼、说一句苦。”

在邓舰看来，基站就是这个山村时代变迁的见证。“它见证了我的青春，也见证我们通信的发展，更看到了我们村民生活的变化。”

他告诉记者，2007 年 2G 开通的时候，老百姓会通过移动手机跟在外务工的儿女进行通话；到了 2016 年升级到 4G 后，大家拿着手机就可以在家里上网、刷视频、云通话。2023 年，5G 覆盖到这片村子后，有很多年轻人已经不用外出务工了，可以在家里通过 5G 网络进行直播带货，把大山里的特产卖到全国各地。

自 2023 年 8 月实现移动 5G 信号全覆盖起，直播带货就成了当地时髦的事情。记者近日在这里看到，村口田间，四川移动工作人员和新龙县电商中心工作人员正通过直播，售卖藏雪菊茶、糌粑脆片、松茸等当地美食，推广当地特色农产品。

据介绍，直播售卖的农产品均来自新龙县。截至 2022 年底，四川移动累计为新龙县帮销 108.81 万元。

一份温暖的守护：“移动 5G 建到了村、信息服务进了家”

信息的畅通传输，不仅让当地人玩起了直播带货，也带来了更优质的医疗、教育等领域资源。

中国移动 5G-A 试点基站（海拔 3650 米）

［中国移动供图］

“移动 5G 建到了村、信息服务进了家，现在，乡亲们不出远门就可以发展自己的小生意，孩子们通过网络学到了更多的知识，大家的生活越过越红火。”四川甘孜新龙县雄龙西乡腰古村村支书公布多吉这样向记者讲述着 5G 信号给村子带来的变化。

为打通乡村医疗服务“最后一公里”，中国移动为雄龙西乡乡镇卫生院部署了 2 台远程医疗一体机，医生可通过远程设备与省市三甲医院专家们“零距离”沟通，村民们在乡里就能享受全省名医的远程诊疗服务。

“雄龙西乡距成都 658 公里，以前遇到疑难杂症，乡亲们要翻山越岭外出就医，现在通过远程诊疗，我们可以与上级医院专家一同为病人‘面对面会诊’。”雄龙西乡乡镇卫生院院长刘平如是说。

雄龙西乡中心小学教师李星雨告诉记者，如今，村子里的娃娃也使用着和城里孩子一样的多媒体教学设备、一样的课程、一样的教育资源，可以参与远程课堂，村民们再也不用来回上百公里把孩子送到县城去读书了。

为激发乡村振兴内生动力，中国移动累计派驻 7 名干部到雄龙西乡卡鲁村、腰古村进行全职帮扶，其中 2 人担任第一书记。在驻村干部的连接与助力下，中国移动针对腰古村高寒、高海拔、耕种土地少特点，因地制宜为其规划发展特色产业：先后捐赠 107.5 万元用于雄龙西乡集体犏母牛养殖项目，捐赠花椒苗 3000 颗，用于发展庭院花椒种植，此外还捐赠挖掘机、石磨机等，助力当地发展增收。截至 2023 年 9 月，该村集体经济收入较 2018 年帮扶前翻了近 5 番。

腰古村之外，中国移动累计承担了 3000 多个帮扶点。数据显示，2020 年四川全省行政村实现“村村通 4G”，2022 年实现全省“乡乡通 5G”；目前，四川全省 5G 行政村覆盖率达 83%，行政村宽带光纤通达率超过 99%。

从最初的 2G 村通站到 4G 普服站，再到 5G 基站，这个雪山下的山村见证了构建“信息高速路”的奋斗与坚守，亦见证了在无数村庄铺展开的中国温度。

（中国新闻网　宋宇晟）

〖履行责任传递中国温度〗

走进四川甘孜藏族自治州的田间地头，《国资报告》记者看到四川移动和新龙县电商中心的工作人员正通过线上直播，向网友推销雪菊茶、糌粑脆片等特色农产品。移动 5G 覆盖后，不仅让当地的农产品走向全国，也让外地的优质资源通过远程医疗、远程教育走进山区。随着中国移动为高原深处插上“数智”的翅膀，千家万户畅享了数字红利。在群众不断向好的生活中，最能感受到改善民生的中国温度。

只要国家有需要、人民有困难，国资央企就义无反顾、义不容辞。在脱贫攻坚和乡村振兴中，国资央企积极开展产业帮扶、就业帮扶、消费帮扶、医疗帮扶。党的十九大以来，中央企业累计投入无偿帮扶资金超过 270 亿元，选派帮扶干部超过 2 万人，购买帮销农产品 360 多亿元，直接招用帮扶群众 6 万余名，帮助超过 25 万困难劳动力转移就业，为打赢打好脱贫攻坚战，全面推进乡村振兴、实现共同富裕作出了重要贡献。国资央企的发展有“温度”，人民群众的幸福就会更有“质感”。

从中国移动的 2G 村通站—4G 普服站—5G 基站的历史变迁，从产业帮扶带动脱贫攻坚到搭建立体硬件体系，在各种应急情况下保障通信网络……近年来，以中国移动为代表的国资央企践行以人民为中心的发展思想，不断保障和改善民生，践行高标准社会责任，取得积极成效。企业既有经济责任、法律责任，也有社会责任、道德责任。国有企业为全体人民所有，满足人民群众对美好生活的需要、为民谋利，是国资央企矢志不渝的奋斗目标。

中国温度是数字化进程里的民生温度。我国坚持以人民为中心的发展理念，将民生温度作为高质量发展的重要价值刻度，促进民生福祉达到新水平。从搭建“信息天路”助力农产品出村进城，到加大新基建筑牢农业农村现代化“数智底座”，再到推动村民享受远程智慧诊疗、远程教育培训服务……随着 5G 的深入应用，中国移动助推行业数字化转型升级，并快速运用到民生领域。数字化的赋能，有效助推了数字乡村“新基建”和新型智慧城市建设，解决民生实事。2G 时代村民用手机跟在外的儿女通话，4G 以后拿着手机在家上网、刷视频、云通话，5G 时代村民在家门口直播卖货，把大山里的产品销往全国各地。民生无小事，枝叶总关情。国资央企本着以人民为中心的发展思想，把增进人民福祉、促进人的全面发展、朝着共同富裕方向稳步前进作为经济发展的出发点和落脚点，让群众共享发展红利，过上更暖心的日子。

中国温度是国资央企践行初心使命的温度。在甘肃省甘南藏族自治州的卓尼

县，一些贫困学生求学艰辛。以中建八局为代表的国资央企，结对帮扶，并设立“建证·励志领航”奖学金资助高考录取生，为当地孩子们插上梦想的翅膀。党的二十大擘画了新时代中国特色社会主义的宏伟蓝图，为国资央企未来发展指明了前进方向。前行路上，责任使命光荣重大，服务国计民生任重道远、大有可为。为民服务、保障民生，是国资央企的重大责任，也是国有经济布局的重要领域。当前，幼有所育、学有所教、劳有所得、病有所医、老有所养、住有所居、弱有所扶，这些美好生活的民生需求，正不断取得新进展。新时代新征程，国资央企要继续坚持以人民为中心的发展思想，围绕推进中国式现代化，准确把握国资央

目前，中国移动在四川甘孜州新龙县建成 62 个 5G 基站，5G 覆盖率从无到有达到 50%

［中国移动供图］

企的功能定位，把民生保障作为国资央企的核心功能，体现在企业发展战略、经营理念、具体行动中，不断增强为民服务的能力和水平。

中国温度是国资央企勇担社会责任的温度。多年来，国务院国资委持续推动中央企业带头履责、全面履责。在带头助力中小企业纾困解难，推行绿色建造方式，支持多地抗击疫情，持续推进定点帮扶和援疆援藏等方面，央企勇担社会责任，走在前、作表率，取得多项进展。在突发极端天气、地质灾害等重大自然灾害、重大事件面前，央企勇于担当，挺身而出，社会功能、社会价值体现得尤为明显。在2022年四川甘孜泸定县发生的6.8级地震中，国资央企从水、陆、空多路分兵，解决断电、断路、断网等问题，积极抢险救援，温暖受灾群众。面向未来，党的二十大作出一系列重大部署，国资央企履行社会责任事业任重道远、大有可为，将传递更多的温暖力量。

未来，哪怕山高路远，哪怕道阻且长，国资央企将坚守初心的温度，在广阔大地刻印下为人民迈出的坚实足迹，便总能让中国温度无处不在、触手可及，直抵人心深处。

（《国资报告》杂志社　曹婷）

第七章 『百炼钢』做成『绕指柔』！

中国厚度

厚积薄发

一卷钢材，展开后却薄如蝉翼，用手轻拉便能撕开，被形象地称为“手撕钢”。

这种厚度只有头发丝 1/6 的不锈钢，不仅能够抵抗反复的折叠，还具备强大的耐腐蚀、抗氧化功能，成为高新技术领域的“宠儿”，也因此，“手撕钢”的价值堪比黄金。

研发团队历时两年，攻克 170 余个设备难题，450 多个工艺难题，经历了 700 多次试验，才成功开发出宽幅“手撕钢”。这背后有着怎样的故事？

扫码看视频　扫码听书

中国新坐标
山西·太原
（37° N, 112° E）
中国厚度·厚积薄发
百炼钢化作绕指柔·手撕钢

从“闭门羹”到“座上宾”

多年以后，面对记者的提问，中国宝武太钢精密带钢首席精密箔材工艺工程师廖席，还记得他第一次去下游企业谈“手撕钢”相关产品合作时的情景：“我们下了高铁，又倒了好几趟地铁找到人家公司，结果连人家大门都没有进去。”

当时，没人相信国内有企业能做出“手撕钢”这种材料。“他们告诉我，公司正在和外资企业谈合作，这类技术对国内企业来说难度太高，‘估计你们做不了’。”廖席回忆，当时对方只给了个“试一试”的机会。

“拿到相关指标回到太原后，用了15天左右的时间，我们‘试’的材料出来了。将样品送过去之后，对方大吃一惊地问：‘你们真的能做出来？’然后把我们请到会议室去了，详细讨论了一番，决定先试用我们的材料。”

没过多久，廖席又接到对方企业消息，邀请他再去一趟详谈。“这一次，我们去了两个人，对面坐着六七个人，对方企业的工程、采购、设计都来了。”

在走向市场的过程中，很多下游企业都没能逃出“真香定律”：从开始不相信国内能做、国产能行，到积极主动洽谈采购。

这样的经历让廖席感受到，只要能把产品做到足够好，市场是会给出正向反馈的。

但要获得这样的反馈，并不容易，取得技术上的突破则更为艰辛。在这成绩背后，整个“手撕钢”创新研发团队历经过711次失败。

成功背后的711次失败

时间回溯到几年前。彼时，精带公司专门成立了“手撕钢”创新研发团队，15名研发人员，平均年龄只有30岁。

按他们的说法，轧制“手撕钢”的过程就像擀面，要越擀越薄。和擀面不同的是，轧制出的“手撕钢”需要非常均匀。

廖席告诉记者，轧制“手撕钢”的过程形象地说就像擀一张大面饼，家里是用一根擀面杖在擀面，而轧制“手撕钢”是20根轧辊同时在擀，既要薄又要均匀，还要没有划痕。从原料的0.5毫米到“手撕钢”的0.02毫米，厚度每往薄推进0.01毫米，意味着辊系的配置就要推倒重来。20根轧辊，就有2万多种变化。

“在这么复杂的轧制过程中，平均两天一次的断带是我们最头疼的问题。只要稍微有些波动，材料很容易断。一旦断了，前面的工作都要推倒重来。”廖席介绍，薄板一旦断带，就会碎成粉末，只能由职工爬进0.4米高的机架，用手抠、用手抓，一点一点清理出来。

“当时团队甚至觉得看不到成果。来回地轧制，有种一直在转圈圈的感觉。”

不过也是在这一次次失败中，团队积累了越来越丰富的数据、经验。这些积累的数据、设备的参数成了“最宝贵的经验”，也成为后来真正完成突破、实现量产的基础。

第一卷“手撕钢”实现量产后，研发团队进一步研发出不同种类的“手撕钢”，从一个点的突破扯开了一个面。

厚度再减0.005毫米

研发团队对更薄钢材的研发并未就此止步。

2020年8月，精带公司再次突破了极限尺寸，成功轧出了厚度0.015毫米、实际宽度600毫米的不锈钢精密箔材。

厚度再减0.005毫米，能改变什么？“如果用来做电池包覆膜，同样体积，电池容量能增加17%。”廖席解释。从航空航天、高端电子、新能源领域，到当下流行的折叠屏手机都有它的身影。

研发团队坚信，更薄，一定是“手撕钢”未来的发展方向。

“原来机器在加工0.02毫米厚钢板时是可以显示厚度的，但是我们将厚度降到0.015毫米时，系统就会不停报警：已经超出控制下限。”按技术人员的说法，这就像闭着眼在高速公路上开车一样。

“手撕钢”实现量产

［中国宝武供图］

但为什么敢去做？“我们把材料吃透以后，知道可能会有什么问题，因此提前做了预判、模拟。这样才能真正超越极限。”廖席说。

2023 年，精密带钢公司新上马了纯国产轧机产线——3# 轧机项目，其零部件国产率达到 90% 以上。

中国宝武太钢精密带钢首席电气工程师胡尚举介绍，该轧机的多个关键设备均采用国产自主研发的领先技术，轧机的“大脑”——PLC 控制系统——采用宝武集团宝信软件公司自主研发的控制器，可实现高速轧制，高精度轧制；同时，对轧制过程中产生的油雾、废水、噪声和固体废弃物污染采用当前国内外先进的治理技术和措施，能耗、环保等方面均达到国内先进水平。

不断完善的产业链供应链

在冶金工业规划研究院总设计师鹿宁看来，如今，“手撕钢”这类国产材料已成为国内许多领域“肉眼可见的支撑材料”，“这充分展现了国家制造业产业链供应链的不断完善”。

记者在采访过程中了解到，不仅在制钢环节，铁矿的开采环节也与大多数人印象中的采矿完全不同。

近年建成达产的太钢袁家村铁矿，成为太钢优质可靠稳定的铁原料供应基地。

该矿智慧控制中心于2022年6月投入运行，一矿一集控目标已实现。目前，集中化指数达到99.40%，保持行业领先地位。无人化指数达到62.52%。如今，太钢袁家村铁矿已覆盖5G信号，可以远程控制挖掘机开采。工作人员身在智慧控制中心办公室，可以如同在现场一般操纵矿山的挖掘机进行作业。

已经运转30余年的太钢尖山铁矿，当前正在全面实施绿色治理。改造以来，尖山铁矿挂网喷播植绿已达30万平方米，撒播紫花苜蓿达5万平方米，种植树木11400余棵。昔日光秃秃的采矿场，将渐渐焕发生机。

“原来一提起钢铁就是‘傻’‘大’‘笨’‘粗’‘黑’的形象，我们希望改变这种形象。”在太钢工作人员看来，今天的钢铁产业应该是“绿色的钢铁”“绿色的矿山”。

（中国新闻网　宋宇晟）

〖厚积薄发铸就中国厚度〗

宝武集团太原钢铁，一卷钢箔，薄如蝉翼，厚度只有头发丝六分之一，甚至可以在剪刀之下化作剪纸艺术品，被形象地称作“手撕钢”。

“手撕钢”为何能够代言“中国厚度”？从手机折叠屏幕、传感器薄膜片到航天压力传感器和核电站防护服，“手撕钢”的身影频频出现，被誉为“钢铁行业皇冠上的明珠”。在过去，这项材料一直被德国和日本垄断。2020 年，我国自主研发的 0.015 毫米“手撕钢”实现世界首创，带动了超导、微孔加工等一系列重大工艺技术的发展，引领了世界不锈钢超薄带钢的发展方向。

从新中国成立之初人均钢产量不到世界的 1/200，到钢铁产量成为全球第一，再以“手撕钢”在钢铁的高精尖领域摘得桂冠，中国厚度来之不易。轧制技术如何优化？机械设备的精度能否达标？生产线运转的参数是否稳定？钢铁冶炼的工艺还能否精进？薄薄一片“手撕钢”，以行业系统性的提升，诠释了何为厚积薄发。在厚与薄的辩证之间，我们还能找到一些关于国有企业深化改革的启示。

厚积薄发需要扭住改革的“牛鼻子”，积蓄人才的厚度。改革步入深水区，人才成为新一轮国有企业深化改革的关键要素。“人才池”太浅、梯队不完善或是队伍青黄不接，都难以把改革的事业一茬接一茬向前推进。面对改革的“硬骨头”，让尖兵更尖无可厚非，但是，这种做法不能以牺牲队伍的“厚度”为代价。国有企业改革任务的长期性和企业生存发展的市场规律，都要求我们保证人才队伍的可持续发展，营造有利于人才成长的体制、机制和环境。在干部队伍培养方面，要把配强领导班子作为关键环节，强化领导班子建设，按照 20 字标准，在锻造高素质专业化领导干部队伍上持续发力。对于关键岗位，还要强化AB角配备，突出补位保障和应急容错能力建设，确保后继有人。在企业治理层面，应当深化三项制度改革，完善和优化选拔、评价、激励和约束等制度抓手，灵活运用“揭

山西太钢精密带钢公司生产的“手撕钢”等不锈钢产品，是航天工程、新能源汽车等企业的生产原材料，图为生产车间一景

［中国宝武供图］

榜挂帅”“赛马机制”“一人一策”等机制工具，避免出现人才厚度高与管理效率低的矛盾。

厚积薄发需要把牢发展的“定盘星”，做实产业的厚度。制造业，尤其是高端制造业是高质量发展的重要支撑。在中国这样的大国实现现代化，必定要拥有完整的、先进的产业链，而且要有一定的产业规模和标准化程度，不能有太多脆弱的环节和“卡脖子”难题，绝不能出现产业体系空心化。关键技术问题攻关，“一枝独秀不是春”，单兵作战往往不能解决问题，需要集全产业链之力，博采众家之智。我国建成全球最完整、规模最大的工业体系，已经拥有联合国产业分类中全部工业门类，使我国实体经济底盘更稳、产业升级根基更牢。在避免多而不精、大而不强的前提下，我们要营造更良好的营商环境，围绕头部企业实施延链补链工程，帮助中小企业集群式、抱团式发展；让战略性新兴产业形成基地，组成有骨有肉、多维立体的产业集群；让政策、人才、技术等创新要素集聚起来，发挥乘法效应。产业厚度进一步形成以后，高端制造业的完整体系，叠加中低端制造业的规模优势，我国产业链供应链的韧性和安全水平将明显提升，将更有信心应对冲击。

厚积薄发需要画好团结的“同心圆”，涵养文化的厚度。当今的时代是千帆竞发、百舸争流的时代，也是新中式、国潮风成为“顶流”的时代。中华民族的伟大复兴要在现代化的进程中实现，现代化则离不开文化自信的坚实支撑和强力推动。对于企业来说，唯改革者进。改革之革，在于革新，直面深层次矛盾，总会触及利益、面临阻力，尤其需要调动一切可以调动的积极因素。因此，把改革推向深入，就要以薪火相传的文化基因求出“公约数”，以厚积薄发的文化底蕴画出“同心圆”。国资央企应自觉把文化建设摆在突出重要位置，贯穿到党的建设和治企兴企全过程各环节。总的来说，就是要推动物质文明和精神文明协调发展，从历史中汲取宝贵的精神实质，打造传承的长效机制和践行载体，对内激活先进的文化因子，实现文化资产的创造性转化和创新性发展；对外充分利用特色文化资源，守正创新地输出文化价值，擦亮高质量发展的精神底色。

钢箔越做越薄，产业越做越厚，底气越做越足，国力越做越强。国资央企还将继续厚植优势、厚筑自信，为实现中华民族伟大复兴奠定更为雄厚的物质基础。

（《国资报告》杂志社　龚梓谦）

第八章

从奋斗到超越，『煤海蛟龙』如何创造中国速度

奔逸绝尘

中国速度

煤炭资源作为我国最重要的能源，被源源不断地开采出来，照亮千家万户。但你知道，如今的煤炭开采技术有多先进吗？

在快速掘进系统“煤海蛟龙”的加持下，工人远程操作采煤掘进已成为现实，煤矿掘进工作面实现了少人化、智能化。相关设备不仅创下煤巷掘进月进尺的世界纪录，背后更有着中国掘进技术持续几十年的高速发展。

扫码看视频　扫码听书

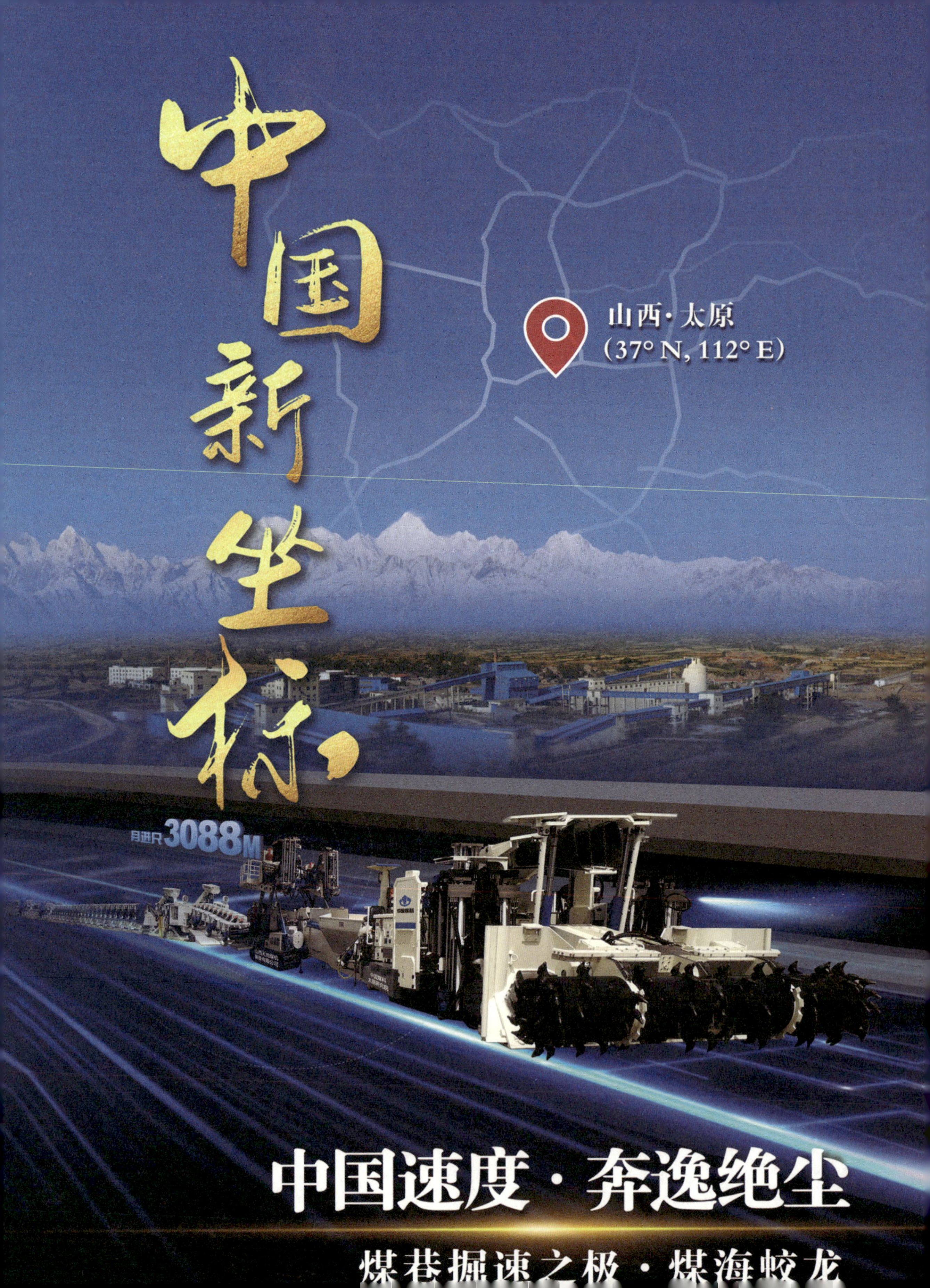

中国新坐标
山西·太原
(37° N, 112° E)
月进尺3088M
中国速度·奔逸绝尘
煤巷掘速之极·煤海蛟龙

“煤海蛟龙”创造“中国速度”

什么样的设备能被称为“煤海蛟龙”？

中国煤炭科工集团太原研究院有限公司党委副书记、总经理宋德军给出了这样几个关键词：曾创造煤巷掘进月进尺 3088 米的纪录、设备最长可达 200 多米、实现掘进作业全流程自动化。

他介绍，“煤海蛟龙”全称是掘支运一体化快速掘进系统。整套系统由掘锚一体机、锚杆转载机、连续运输系统、协同控制平台等部分组成。

其中，可伸缩的滚筒负责割煤，同时通过机载的锚钻装置进行顶板和侧帮的支护，保障人员和设备安全；割下来的煤块由前端两个旋转耙爪拨到中间的运输部上，运到后面的连续运输系统上，源源不断运出井巷。

值得一提的是，目前最新版的“煤海蛟龙”设备还采用了智能化集中控制系统。宋德军称，该系统搭载了从工作面到地面全线覆盖的视频监控及语音交互系统，这让“蛟龙”“耳”聪“目”明。设备集群多信息融合网络就像“蛟龙”的传输神经，高精度传感器与三维人机交互界面让“蛟龙”拥有了感知觉。“煤海蛟龙”采用该系统后实现了掘进作业全流程的自动化，提高了掘进的安全性和可靠性。

操作人员只需根据人机交互界面在井下集控中心和地面调度平台远程操作，便可实现成套设备全流程远程一键启停，还可实现“煤海蛟龙”的自主规划截割、设备之间行走位置的准确协同控制。此外，自主导航与姿态控制、辅助锚护、联机闭锁等多样化功能均融合于设备自动作业过程中。

在地下煤海可感知、工人远程操作、将掘进中产生的煤岩碎块自动运输出去……这些都大大提升了这条“蛟龙”在地下煤海中的掘进速度。

2014 年，“煤海蛟龙”设备在稳定围岩条件下，月最高进尺 3088 米，创造了大断面单巷掘进世界纪录，是煤矿平均掘进速度的 10 倍以上；2022 年 5 月，在中等稳定围岩条件下，月最高进尺 2086 米，掘进效率提高 3 倍；2022 年 3 月，在复杂围岩条件下，月最高进尺 856 米，掘进效率提高 1.5 倍。

不只是“掘得快”

掘进技术、掘进速度的突飞猛进，直接改善了煤矿工人井下的作业环境和作业流程。

回溯过往，仅仅几十年前，煤矿工人的工作状态还停留在人工开凿、打眼放炮；矿工下井也被视为危险系数极高的体力劳动。

“1982 年，我在煤矿实习的时候，在井下实习到一半时，被带队的工人师傅强行劝上井。上来之后我才知道，掘进巷道发生了塌方，5 死 13 伤。这给我带来了强烈的震动。”

时至今日，已是中国煤炭科工集团首席科学家、快速掘进系统总设计师的王虹，还能回忆起 40 多年前的那个瞬间：“我当时就想，如果我能够从事装备设计工作的话，一定要在掘进上有所作为，要解决我们工人的切身需求，尤其是要保障他们的生命安全。”

那个年代，中国的煤矿工人开掘巷道用的是打眼放炮，依靠的是人海战术。

在中国煤科太原研究院科技发展部副主任、研究员袁晓明的记忆中，一直到 20 世纪 90 年代，类似的工作状态仍然较为普遍。

“当时开掘巷道就是打眼放炮，说白了就是用炸药炸出一条巷道。虽然炸药已经较此前有所改进，爆破后的巷道也比较齐整，但是炸完之后仍然是碎片横飞，有时候从矿车里拉上来的碎片中还有炸药，偶尔还能拉两根雷管上来，危险程度不言而喻。”

除了安全问题，巷道开掘速度直接影响采煤效率。

王虹指出，煤矿开采所有的生产活动、流通、采煤装备的运输，都必须有巷道。巷道掘进这个工序是采煤的先行基础工作，也就是说如果巷道掘进跟不上，埋藏在地下的煤炭是无法正常运输、开采的。

而要提高掘进效率必须解决快速掘进的问题。他认为，其中的关键在于，巷道掘进、支护、运输不能平行作业的世界级难题。

"煤海蛟龙"在车间下线

[中国煤炭科工供图]

"'快掘'只有一个龙头不行，只掘得快也不行，后面所有的配套设备、采用哪种方法实现快掘作业线，都需要解决。在今天的'煤海蛟龙'前，我们做了大量试验。最后形成了中国特有的快速掘进范式，得到国内外同行的广泛共识。在地质条件好的地方，效率可以提高十倍，也就是减少十分之九的作业人员，解决了支得快、掘得快的问题。"王虹说。

"中国速度"从追赶到超越

"1996 年我刚参加工作时，各大煤矿正在如火如荼地创高产高效百万吨矿井。27 年后，我们的千万吨级矿井已经随处可见。百万吨级只是山西省煤矿准入级产能。"中国煤科太原研究院智能控制技术分院总工程师、研究员王德光明确表示，这背后正是采矿技术以及煤矿装备的飞速发展。

这期间的发展历程，并非一步到位。

2001 年，太原研究院研制的国内首台高普适性 EBJ-120TP 型掘进机研发成功，其截割岩性和断面适应性显著提高，投入运行后，月进尺从平均 195 米提高到 400 米以上，达到了国内外同类机型最好水平。

王虹介绍，该掘进机还创造了单一型号掘进机应用 1500 台的世界纪录，推动了掘进机全面应用，实现了我国巷道掘进从“炮掘”到“综掘”的飞跃。

同时，可用于将煤岩碎片运出巷道的连续运输系统也于本世纪初研制成功。连运团队负责人于向东告诉记者，该设备解决了国内连续运输系统有没有、能不能用、好不好用等问题。

2012 年，针对煤矿掘进、支护、运输不能平行作业的难题，中国煤科太原研究院的科研人员便提出把这些工序深度融合，形成一条完整作业线的想法并开始研发。

2014 年，在科研人员攻关下，中国煤科太原研究院针对神东矿区稳定围岩条件研制成功全球首套高效快速掘进后配套系统，实现了掘支运平行、连续作业，巷道一次成型，创造了月最高进尺 3088 米的大断面单巷掘进进尺世界纪录。

中国煤科太原研究院软岩采掘装备分院副院长、研究员张小峰介绍，到 2023 年，中国煤科智能快掘系统 4.0 突破了超大断面快掘截割瓶颈，拥有多项关键技术创新，将煤矿掘进设备的自动化、智能化水平推向了新高度。

伴随着“煤海蛟龙”从 1.0 到 4.0 的迭代，工作人员离机器越来越远、导航系统越来越准、控制系统越来越精准。王德光说，为保证整个快速掘进系统能像蛟龙一样在煤海“畅游”，研究人员利用 5G、大数据、UWB、云技术等新技术，开发出适用多种条件的智慧大脑。

从半机械化到自动化、少人化，并向着无人化的智慧矿山砥砺前行，煤矿采掘这一传统行业正变得日益安全、高效、绿色、智能。

（中国新闻网　宋宇晟）

〖创新驱动刷新中国速度〗

如今中国煤炭科工集团的地下煤矿开采，只需要几位工人在安全位置按下几个按钮，机器就能自动采掘。这样的掘支运一体化掘进系统被形象地称为“煤海蛟龙”，掘进月进尺可达3000米以上，为“中国速度”增添了浓墨重彩的一笔。

在其他领域，“中国速度”也在频频刷新：高速磁浮交通系统时速突破600公里，引领世界铁路技术的突破；火神山、雷神山医院拔地而起，一夜之间拆桥架梁，“基建狂魔”震惊世界；光纤网络带宽实现指数级增长，移动网络6G时代越来越近；“九章”“祖冲之二号”量子计算机算力速度领先全球；政务服务“只跑一次”“掌上办理”全面推行，行政事项审批速度大幅提升……时间拉长一点，改革开放以来，中国国内生产总值年均增速超过9%，远高于世界同期的2.9%左右。中国速度，是中国式现代化最突出的特点之一。

进入新发展阶段，加快迈向全球价值链中高端，我们面临增长速度换挡的问题，但发展的问题要在发展中解决，容不得停步和开倒车。国资央企作为建设现代化产业体系的国家队和主力军，要紧紧抓住全球产业链加速重构的机遇，引领中国速度转向更高质量、更可持续、更为安全，继续驱动中国式现代化的伟大进程。

跑出传统产业升级“加速度”，实现效率更高。一个经济体，仅靠原始的产能来发展行不行？或者靠资源禀赋“看天吃饭”行不行？事实上，面对激烈的竞争环境，产业不仅要升级，而且要在有限的时间内快速升级，因为经济动力具有递减特性，需要不断用新的科学技术来牵引经济生产方式的转换，否则一步慢、步步慢。我国产业体系中传统产业占比较大，产业结构与高质量发展的要求相比仍存在差距。必须推动传统产业数字化、智能化、绿色化转型升级，支持传统产业应用先进技术，比如以工业互联网推动转型升级、探索数字化新模式、运用AI赋能等，加快关键工序、核心设备的更新改造，加快向产业链中高端迈进。这个过程要防止“脱实向虚”，避免一味追求标新立异。衡量的标准要看是否有

中国煤科太原研究院研制创造煤巷掘进进尺世界纪录的“煤海蛟龙”

［中国煤炭科工供图］

利于补齐传统产业的薄弱环节，是否有利于提高劳动生产率和全要素生产率，是否有利于拓宽未来的生存空间和发展道路，是否有利于提高核心竞争力。

培育战略性新兴产业“强动能”，实现布局更优。“中国速度”跟以往相比，在载体上要更多地由技术和创新驱动，在分布上则要更多地由战略性新兴产业驱动。战略性新兴产业是引领未来发展的新支柱、新赛道，既要注重增量，凸显国有资本投资的牵引效应，推动战略性新兴产业融合集群发展，聚焦新一代信息技术、人工智能、生物技术、新能源、新材料、高端装备、绿色环保等产业，特别是在集成电路、工业母机、关键软件等领域培育一批新的增长引擎，打造战略性新兴产业孵化器；也要提前关注存量，突出做强做专，通过战略性重组、专业化整合、分拆上市、产业协同、联合攻关等方式，优化布局；还要充分激发各类企业的发展动力和活力，特别是要增强国有企业在现代化产业体系建设中的带动作用，系统推进产业链融通发展共链行动，促进大数据、人工智能、云计算等数字技术和企业生产实践结合，找到企业生产经营的最优解，实现降本增效提质，加快形成新质生产力。

抢占未来产业发展“新赛道”，实现后劲更足。未来产业代表新一轮科技革命和产业变革方向，对未来经济社会发展具备重大引领和变革作用，是“用明天的科技锻造后天的产业”。未来产业开发成不成熟，一定程度上意味着发展的后劲强不强。国资央企应主动承担国家推动重点产业、新兴产业发展的具体实施责任，在脑科学、量子信息、基因技术、未来网络、深海空天开发、氢能与储能等前沿领域，加快孵化、谋划布局一批未来产业。未来产业基本处在产业发展孕育期，相比起渐进地改进，更需要加强前沿技术多路径探索、交叉融合和颠覆性创新供给。面对科技成果转化效率低这个堵点，我们有必要一手抓科技创新、一手抓成果转化，积极探索“学科＋产业”创新模式，丰富未来技术应用场景，让创新链的各个环节形成功能互补、良性互动的协作格局，推动科技成果从“实验室”走向“应用场”，让未来产业成为加快建设现代化产业体系、实现高质量发展的“先手棋”。

中国速度未来的表现，不仅取决于加速度、动力以及赛道状况，更重要的，是追赶、超越和保持领先的意志是否强大。过去，唯有一片改革的热土才能诞生中国速度；今后，唯有一个尊重创新的国度才能提振中国速度。要在不到百年的时间里，实现西方国家几百年才能实现的现代化，中国速度是必要条件，等不得，更慢不得。

（《国资报告》杂志社　龚梓谦）

第九章

奔赴太空的一次次『长征』，中国高度勇攀高峰

航天梦是强国梦的重要组成部分，航天精神是我国航天事业发展的重要内核。习近平总书记在不同场合频频提及航天精神，并不断注入新的时代内涵，激励中国航天巡天探宇叩问苍穹。

从1970年4月24日长征一号火箭首飞开始，长征火箭已走过了53个年头，“风云”“北斗”“嫦娥”“天宫”“悟空”“墨子”……这些熟悉的名字，都是经由长征系列运载火箭的托举，进入广袤太空。2023年12月10日，四川西昌长征二号丁发射任务圆满成功，这是长征系列运载火箭第500次冲破云霄，也是梦想与太空再一次的双向奔赴。

扫码听书

中国新坐标
四川·西昌
(27.92° N, 102.29° E)
中国航天
中国高度·勇攀高峰
长征系列运载火箭第500次发射

火箭托举梦想，刷新中国高度

1970 年 4 月 24 日，耀眼的火光伴随着一声巨响，长征一号托举东方红一号呼啸升空。星箭分离之后，国家广播事业局接收到了由东方红卫星播送的《东方红》乐曲，熟悉的旋律在浩瀚宇宙中款款响起。

那是长征系列运载火箭第一次完成发射任务。

53 年后，2023 年 12 月 10 日 9 时 58 分，我国在西昌卫星发射中心使用长征二号丁运载火箭，成功将遥感三十九号卫星发射升空。这是长征系列运载火箭的第 500 次发射。

在我国的航天史上，“长征”是一个响亮的名字——从长征一号到长征七号，我国自主研发的运载火箭一次次将中国航天推向新高度。

我国运载火箭为什么起名为“长征”？

为发射我国第一颗人造地球卫星东方红一号，中国运载火箭技术研究院在北京南郊诞生，钱学森出任院长。

火箭设计之初，大家都在想给火箭起个什么名字。中国运载火箭技术研究院第一总体设计部总体设计室的同志们，有感于毛主席著名的《七律・长征》中表现出来的红军的大无畏精神，提出建议并经上级领导批准，将火箭命名为“长征”。

长征精神气贯长虹，长征火箭翱翔苍穹。

自 1970 年长征一号运载火箭发射东方红一号卫星至今，中国航天用 53 年的历程完成了从 0 到 500 的突破。其中长征火箭第 1 个百次发射用了 37 年，第 2 个百次用了 7 年，第 3 个百次用了 4 年，第 4 个百次用了 2 年 9 个月，第 5 个百次仅用了 2 年，不断刷新中国航天新纪录。

“实现百次的用时越来越短，不仅表明发射能力越来越强，而且反映出国家科技水平和综合国力的快速提升。”长征火箭第 500 次任务 01 指挥员何雷介绍说。

筑牢发射“底座”，见证跨越发展

在长征火箭的一次次壮丽腾飞中，西昌卫星发射中心扮演着十分重要的角色。

据统计，从1984年成功发射我国第一颗地球同步轨道卫星东方红二号以来，西昌卫星发射中心是我国发射长征运载火箭数量最多的发射中心，其中长征火箭的第100次、第300次和第500次发射都是从西昌点火起飞。

目前，西昌卫星发射中心管理和使用着西昌、文昌两个航天发射场。近年来，经过持续的科技创新、技术革新、组织指挥模式优化，中心的测试发射能力得到全面提升，实现我国近地轨道运载能力从10吨到25吨、地球同步轨道运载能力从5.5吨到14吨的巨大飞跃，当前已经具备8种型号15个构型运载火箭的高密度测试发射能力。

作为“北斗母港”，以100%的成功率将所有北斗导航卫星送入预定轨道；作为“中国探月母港”，七战七捷全部“零窗口”发射，实现了中华民族飞天揽月梦想；作为“中国空间站建造母港”，成功将空间站3个舱段和6艘天舟货运飞船送入太空；作为“中国行星探测母港”，成功发射“天问一号”火星探测器，实现地月系到行星际的跨越……西昌航天人成为中国航天飞速发展的重要参与者、见证者、贡献者。

据介绍，西昌卫星发射中心西昌发射场将迎来第200次发射任务，有望成为我国用时最短突破200次发射大关的航天发射场。文昌航天发射场也正在建设规划新一代载人登月火箭发射工位，2024年将迎来天舟七号等重大航天发射任务。

“能够亲自参与并见证中国航天的一个个重要历史时刻，感到特别骄傲和自豪。”南海之滨，正在文昌紧锣密鼓准备新的发射任务的工程师廖国瑞说。

迈向更高更远，源于自立自强

2021 年 12 月 10 日，是中国航天事业奠基人钱学森诞辰 110 周年纪念日的前一天。

这一天，在钱学森指挥首次发射的酒泉卫星发射中心，长征四号乙运载火箭点火起飞，随后成功将实践六号 05 组卫星送入太空——这也是长征系列运载火箭的第 400 次发射。

仅仅两年后，长征火箭就迎来了第 500 次发射升空。

在航天人看来，每一个“100 次”，都是更高更远的，都是自立自强的。

中国空间站天和核心舱、嫦娥五号月球探测器、神舟载人飞船、北斗导航卫星等“国之重器”均由长征火箭送入太空。每一个“100 次”发射时间间隔的缩短，背后都是发射能力的整体提升，是我国运载火箭技术的不断跨越。

作为我国首型大推力火箭，具有创新难点多、技术跨度大、复杂程度高等特点的长征五号火箭的研发过程，凝结了航天人的夙兴夜寐、百炼成钢。

长征五号 / 长征五号 B 运载火箭的总设计师李东在回忆研发历程时，曾无限感慨，长征五号运载火箭历时 10 年研制攻关，从研制之初就肩负着探月工程三期、载人空间站等国家重大航天工程等发射需求，承载着将我国高轨道运载能力从 5 吨跃升至 14 吨的使命，影响深远。

长征五号 B 火箭是我国低轨道运载能力最大的火箭。火箭大，意味着规模大，系统构成更加复杂。当时的长征五号研制团队以强大的意志力，通过了比以往更多的地面试验、分析、仿真等环节，将整个过程反复迭代。饶是攻坚过程如履薄冰，却依然一波三折。

“有很长一段时间，团队整体感觉就像在黑暗中摸索一样，我们知道天一定会亮，但不知道什么时候能亮，还要在黑暗中摸索多久才能亮。”李东说。

长征 5 号 B 运载火箭整装待发

［航天科技供图］

长征火箭的每一次“服役”，都承载着研发团队沉甸甸的目光。最终长征五号 B 火箭的发射成功，使中国长征火箭特别是发动机的各方面研制能力，都往前迈了一大步！

人类探索太空，本是一首雄浑壮丽的史诗，这其中是一代又一代航天人的执着。

奋斗长征路，所念皆星河。站在新起点上，航天人将再接再厉，跨越雄关漫道，共筑强国梦想。

（内容来源于公开报道）

〖超越自我铸就中国高度〗

近 10 年我国火箭发射频次大幅提升，载人航天、北斗导航、探月三期等重大工程的发射成功率达 100%。一次次充满挑战，一次次不断创新，一次次稳步跨越——中国航天“敢上九天揽月”的气魄惊艳苍穹。久久为功，成功的背后，每一步都饱含着一代代航天人矢志刷新“中国高度”、不断超越自我的心血与汗水。

会当凌绝顶，山高人为峰。无论是浩瀚星空间探索宇宙，天问一号着陆火星，距地球上亿公里；还是高寒高海拔中开创新篇，在海拔约 4700 米的高原建设羊易电站；又或是生命禁区里挑战极限，在珠穆朗玛峰海拔 6500 米前进营地建设 5G 基站，成为全球海拔最高的 5G 基站……中国高度于高远之极顶天立地，向更高处攀登的脚步从未停止。国资央企志存高远、心向高标，持续创新再创新高，促进经济社会的高质量发展。

冲刺新高度，要推进高水平科技自立自强。近年来，国有企业坚持把科技创新作为最紧迫的“头号工程”，集聚一批高层次科研人才，打造一批高水平创新平台，取得一批世界级科技成果，国有企业创新步伐明显加快，科技创新驱动力进一步增强。从北斗组网、“天问”探火等大国重器，到疫苗研制、智能制造、

航天科技集团八院研制的常温液体两级运载火箭进行星罩组合体转运
〔航天科技供图〕

智慧城市等民生福祉，取得了一批具有世界领先水平的重大创新成果。科技立则民族立，科技强则国家强。当前，国资央企应积极把握新一轮科技革命和产业变革的趋势，面向世界科技前沿、经济主战场、国家重大需求、人民生命健康，坚决当好打造原创技术策源地的先行军、国家队，以改革创新为动力，着力强化基础研究，加强原创性、引领性科技攻关，切实解决一批产业技术短板弱项，助力高科技自立自强，为强国建设、民族复兴提供有力支撑。

冲刺新高度，要高效能深化国有企业改革。改革，是搞好国有企业的关键一招。2022 年完成的国企改革三年行动，实现了国有企业改革历史性突破，有力破解了一批体制机制障碍，有效解决了一批长期想解决而没有解决的问题，涌现出一批活力竞相迸发、动力更加充沛的现代新国企。国企这些年之所以能不断创新高，就是由于改革赋予其活力和效率。眼下，新一轮国企改革深化提升行动正处于开局起步的关键阶段，国资央企应更加突出精准化、差异化、个性化，在强与专上下真功夫、深功夫，不断增强核心功能、提升核心竞争力，在行业领域巩固塑造独特优势。

冲刺新高度，要高标准全面推进党的建设。党的十八大以来，党领导国有企业的治理效能显著增强，中央企业基层党组织实现从“建起来”到“强起来”的重大跨越，新时代中央企业党建工作格局持续完善。正是因为党的建设引领有力、保障有序，才推动国有企业发生根本性、转折性、全局性的重大变化。当下，国资央企仍需把抓党建强党建作为第一责任，发挥国有企业党组织的领导核心和政治核心作用，坚持服务生产经营不偏离，把提高企业效益、增强企业竞争实力、实现国有资产保值增值作为国有企业党组织工作的出发点和落脚点。确保国有企业发展到哪里、党的建设就跟进到哪里、党支部的战斗堡垒作用就体现在哪里，为做强做优做大国有企业提供坚强组织保证。

越过深壑，攀过高峰，国资央企人用自己的奋斗丈量出各自领域的“中国高度”，在历史上留下时代的坐标。仰望、出发、抵达，冲刺不止，攀登不息。勇当新时代的登高者，在前行中创造高质量发展新辉煌，在奋进中再塑民族精神新高度。

（《国资报告》杂志社　曹婷）

第十章

打通2500年的时间长廊，在尼山感受千年文脉的中国风度

中国风度

兼收并蓄

中国风度

“温故而知新，可以为师矣”“己所不欲，勿施于人”“三人行，必有我师焉”……这些如今人们耳熟能详的经典，都出自孔子。

2500多年后，在相传为孔子诞生地的山东曲阜尼山，人们修建起占地面积45平方公里的“尼山圣境”。

扫码看视频　扫码听书

中国新坐标
曲阜·尼山
（35°N，116°E）
中国风度·兼收并蓄
世界文明论坛永久会址·曲阜尼山圣境

数万次手工锻打造就世界最大孔子像

冬日，雪落尼山，世界上最大、最高的孔子像就坐落于此。

负责建设的中国建筑旗下中建八局第一建设有限公司项目经理胡延涛介绍，这尊孔子像像体整体高 72 米。“72”这一数字的寓意，源于孔子的弟子中有 72 位贤人。像体呈 15° 倾斜，外部为 2 毫米铜壁板艺术造型。

“为了建成孔子像，我们用了 18 个月的时间。塑像的内部以钢结构骨架为支撑，外部由黄铜板紧密拼接而成，黄铜用量达 150 吨，像体展开面积约 7500 平方米，超过一个标准足球场。”他说。

孔子像背山面湖，两掌叠放，掌心朝内，左手在外，右手在内。

据介绍，该塑像形象由雕塑家吴显林主持设计，参考《论语》中对孔子“温而厉，威而不猛，恭而安”的描述，以及唐代画家吴道子的《先师孔子行教像》，按照“可亲、可敬、师者、长者、智者”的形象设计定位。

但要将孔子形象放大到 72 米高，并非易事。

胡延涛称，这尊孔子像采用了“手工泥塑三维扫描数据逆处理技术”。“我们将像体分割成 720 块铜像采用装配式施工。引进五轴加工中心，保证曲面多变铜壁板精密加工，实现像体精准拼接。过程中，几十名工匠利用铁锤、木槌、磨光器等工具进行改善打磨及校型，经过数万次手工锻打，使表面柔化变形，保证面容、体型栩栩如生。”

打通 2500 年的时间长廊

《史记》载，“孔子生鲁昌平乡陬邑”；又载“祷于尼丘得孔子”。

在曲阜城区东南大约 30 公里的地方，是曲阜、泗水、邹城三县交界处。曲阜当地人相信，位于此处的尼山，就是孔子出生地。

曲阜“尼山圣境”，力图通过独具特色、大气磅礴的建筑，打通 2500 年的时间长廊。

在巨型孔子像的东西两侧分别是大学堂和尼山讲堂。三座建筑以品字形结构，共同构筑成“尼山圣境”的核心景区。

其中，大学堂建筑依山而建，整体呈退台式建筑的形制，总高 65 米，共 9 层，建筑面积达 6 万多平方米，是当代全球最大的“孔子建筑”。

胡延涛介绍，大学堂中汇集了东阳木雕、景德镇陶瓷、苏州刺绣、扬州漆器、山西泥塑等一批现今国内顶级的工艺，打造了包括七十二贤廊、仁厅、义厅、礼厅、智厅、信厅、礼乐堂等文化空间。

这里的七十二贤廊，东西长 105 米，南北宽 17.5 米，高 16 米，主要通过群雕、情景雕、个人雕等，讲述孔子及其弟子言行等故事。

大学堂以仁、义、礼、智、信命名五个大厅，每个厅都各具特色，内部大量应用廊柱、穹顶等建筑手法。五厅中，仁厅居中，为主厅，是一个面积达到 3000 平方米巨型的“课堂”，可容纳上千人聚于一堂听课、举行仪式。

七十二贤廊
[中国建筑供图]

体验儒家文化的打卡地

此外，报道显示，尼山讲堂项目是尼山世界文明论坛配套提升工程中的重点项目之一。

尼山讲堂建筑面积3万平方米。其中，主会议厅3000平方米、容纳2000人；分论坛厅8个、2500平方米。

胡延涛介绍，为实现古建外幕墙效果，该建筑外立面幕墙全部石材采用纯手工雕刻凿毛。室内共五层，采用廊柱、穹顶等建筑手法，集合厅、台、殿等中国传统建筑形式，不仅具有古韵，亦可满足高规格会议接待、演出等需求。

"尼山圣境"历时10余年建造。2019年，尼山世界儒学中心正式落户"尼山圣境"。"尼山圣境宫像区－儒宫"获鲁班奖，尼山世界儒学中心获"国家优质工程金奖"。

近年来，"尼山圣境"先后成功举办了第四至第九届尼山世界文明论坛，2018央视中秋晚会，2019国际儒学论坛，2020中国网络诚信大会，2021"一带一路"年度汉字发布活动、2023年世界互联网大会数字文明尼山对话等一系列具有国际影响力的大型文化交流活动。

如今，"尼山圣境"已成为集文化体验、修学启智、旅游度假、教育培训于一体的综合性文化载体，是探寻孔子故里和体验儒家文化的打卡地，2023年接待国内外游客近200万人次。

据介绍，中国建筑近年还建设了香港故宫文化博物馆、三星堆博物馆新馆、南京"牛首胜境"等，以传统文化滋养现代建筑设计创作。

（中国新闻网　宋宇晟）

〖凝心铸魂涵养中国风度〗

山东省济宁市曲阜市尼山镇的曲阜尼山圣境，融合孔子的山水观“倚山临水，随形就势”。孔子像、尼山会堂、儒宫形成“品”字形的整体结构，中建集团以简单的动线打造东方山水画，诠释东方世界的精神文化。

一个时代要有一个时代的精神风度。尼山圣境位于孔子诞生地，宏大的建筑造型向众人展示了孔子“温而厉，威而不猛，恭而安”的形象，体现了儒家精神。依山而建的儒宫——大学堂，从入口 81 级大台阶到“仁智礼义信”五个主厅，用不同的方式讲述孔子的思想，通过“风雅颂”理念将中国传统工艺与建筑相结合。建筑手法上集合殿、堂、厅等中国传统的建筑形式，以此打造既充满传统文化元素、又富有创新意识的传世文化建筑。一个国家、一个民族的强盛，总是以文化兴盛为支撑的，中华民族伟大复兴需要以中华文化发展繁荣为条件。充满中国风格的尼山圣境，既向世界展示了儒家文化，也展示了源远流长气象万千的中国风度。

文化自信，是更基础、更广泛、更深厚的自信，是更基本、更深沉、更持久的力量。传承中华优秀文化和作风，是强大的文化支撑，有力推动国资央企坚定走好中国特色国有企业发展道路。百年来党领导国资央企走过的非凡历程、铸就的宝贵精神，为国资央企事业立得住、站得稳、行得远注入强大精神动力，为奋进新征程、建功新时代凝聚强大精神力量。新时代，是有风度的时代。国资央企用代代相传的优秀文化，百年磨砺铸就的精神风貌，真抓实干的能力作风，生动地诠释了中国风度的内涵。

时代精神升华中国风度。社会主义建设时期，国资央企涌现出一批英雄楷模，形成了“两路”精神、大庆精神、铁人精神、“两弹一星”精神等，助力中华民族站起来。改革开放时期，国资央企从计划走向市场、从国内走向国外，国有经济布局结构发生重大变化，在重要行业和关键领域的控制力影响力不断增强，形

中建集团耗时十年建造的尼山圣境，位于山东曲阜，孔子像、尼山会堂、儒宫以“品”字形结构，共同组成曲阜尼山圣境的核心景区

［中国建筑供图］

成了载人航天精神、青藏铁路精神等，助力中华民族富起来。新时代，一批企业走出国门、建成大批海外超级工程，一批企业加快转型、高端产业发展不断取得突破，铸就了北斗精神、探月精神等，助力中华民族实现强起来的伟大飞跃。穿越历史长河，国资央企在不同历史时期孕育凝结的宝贵精神，是中国共产党人精神谱系的重要组成部分。传承好、弘扬好几代人艰苦奋斗、牺牲奉献、开拓进取的优秀品格和精神气概，是推动新时期国资央企高质量发展的强大动力，彰显了新时代国资央企的时代风范。

优良作风体现中国风度。新冠疫情发生以来，国资央企积极响应号召，闻令而动，不计代价、不讲条件，全力助力疫情防控。一手抓疫情防控，一手抓生产，国资央企以高度的自觉性和扎实的工作作风，充分发挥“顶梁柱”作用。助力脱贫攻坚、乡村振兴，推动共建“一带一路”、携手中小企业共渡难关，也从来不缺央企的身影。国资央企继承发扬我党的优良传统和作风，在自身发展的同时主动服务国家战略需要，为推动经济社会发展、保障和改善民生作出突出贡献。一流企业锻造一流作风，一流作风滋养一流企业。国资央企的健康发展需要好的作风，攻坚克难需要好的作风，创建世界一流企业更需要好的作风。弘扬光荣传统和优良作风，筑牢思想堤坝，才能有力推动企业做强做优做大，以好作风好形象创造新伟业。

品牌形象彰显中国风度。近年来，国资央企将品牌建设作为企业改革发展的重大课题，在品牌战略统筹能力、工作体系化水平、管理效能、国际化程度等方面稳步提升，涌现出一批知名度高、美誉度好、影响力大的优秀品牌。国家电网推动品牌战略融入企业战略，推进品牌理念在品牌建设工作中落地。中国国新塑造了专注实体产业投资的品牌形象。中建集团坚定不移参与高质量共建“一带一路”，稳健发展海外事业，建成了阿联酋伊提哈德铁路、新加坡地铁跨岛线等一批标志性项目，在 20 多个国家和地区有序推进海外传播工作，打造“建证幸福”责任品牌，展示了中国企业形象……品牌是企业重要的无形资产，是体现国家核心竞争力的有力名片。党的十八大以来，党和国家不断提高对品牌的重视，将品牌建设上升为国家战略。国资央企作为国家高质量发展的主力军和参与全球品牌竞争与合作的“国家队”，应继续大力推进世界一流品牌建设工作，为建设品牌强国作出新的更大贡献。

历史川流不息，精神代代相传，广大国资央企人要始终成为中华精神文化的传承者。国资央企更要聚焦世界一流，聚焦主责主业，深挖企业历史资源、文化资源，实施品牌引领行动，大力弘扬企业家精神、劳模精神、工匠精神，加强工业遗产保护利用，全面构建体现国企价值、国企力量的文化体系，持续做优做精央企文化传播品牌，当好文化强国建设的国家队、排头兵，让文化“软实力”成为发展“硬支撑”。

（《国资报告》杂志社　曹婷）

《坐标中国》融媒体作品*

《我们这十年 | 中国跨度》

《我们这十年 | 中国精度》

《我们这十年 | 中国高度》

《我们这十年 | 中国深度》

《我们这十年 | 中国力度》

《我们这十年 | 中国速度》

《追梦路上的坐标》

---

*《我们这十年 | 中国跨度》原载于 https://mp.weixin.qq.com/s/1VhXxRgNqzG2nw6eB4dUOw，作者人民日报新媒体中心；《我们这十年 | 中国精度》原载于 https://mp.weixin.qq.com/s/eZZrtIQs2SMsqJEjRzmrLA，作者人民日报新媒体中心；《我们这十年 | 中国高度》，原载于 https://mp.weixin.qq.com/s/GT8VRXiLQvZt_XMyJGkj7A，作者人民日报新媒体中心；《我们这十年 | 中国深度》，原载于 https://mp.weixin.qq.com/s/bod1AF7xyEeA1q45QMVG-Q，作者人民日报新媒体中心；《我们这十年 | 中国力度》，原载于 https://mp.weixin.qq.com/s/6zNGfM7rYupb1TXwyz7GtQ，作者人民日报新媒体中心；《我们这十年 | 中国速度》，原载于 https://mp.weixin.qq.com/s/Uw1xP8vLFk6hGruf33Cvpw，作者人民日报新媒体中心；《追梦路上的坐标》，原载于 https://mp.weixin.qq.com/s/Ly4ldZ0VfIDu2mtwGqwxBA，作者人民日报新媒体中心。

坐标中国

新时代画卷·奋进十年——十年发展成就图览*

《奋进新征程 建功新时代（新时代画卷·奋进十年）——十年发展成就图览①》

《奋进新征程 建功新时代（新时代画卷·奋进十年）——十年发展成就图览②》

《奋进新征程 建功新时代（新时代画卷·奋进十年）——十年发展成就图览③》

《奋进新征程 建功新时代（新时代画卷·奋进十年）——十年发展成就图览④》

《奋进新征程 建功新时代（新时代画卷·奋进十年）——十年发展成就图览⑤》

《奋进新征程 建功新时代（新时代画卷·奋进十年）——十年发展成就图览⑥》

*《奋进新征程 建功新时代（新时代画卷·奋进十年）——十年发展成就图览①》，原载于 http://paper.people.com.cn/rmrb/html/2022-10/10/nw.D110000renmrb_20221010_1-11.htm，作者人民日报；《奋进新征程 建功新时代（新时代画卷·奋进十年）——十年发展成就图览②》，原载于 http://paper.people.com.cn/rmrb/html/2022-10/11/nw.D110000renmrb_20221011_1-11.htm，作者人民日报；《奋进新征程 建功新时代（新时代画卷·奋进十年）——十年发展成就图览③》，原载于 http://paper.people.com.cn/rmrb/html/2022-10/12/nw.D110000renmrb_20221012_1-17.htm，作者人民日报；《奋进新征程 建功新时代（新时代画卷·奋进十年）——十年发展成就图览④》，原载于 http://paper.people.com.cn/rmrb/html/2022-10/14/nw.D110000renmrb_20221014_1-17.htm，作者人民日报；《奋进新征程 建功新时代（新时代画卷·奋进十年）——十年发展成就图览⑤》，原载于 http://paper.people.com.cn/rmrb/html/2022-10/15/nw.D110000renmrb_20221015_1-05.htm，作者人民日报；《奋进新征程 建功新时代（新时代画卷·奋进十年）——十年发展成就图览⑥》，原载于 http://paper.people.com.cn/rmrb/html/2022-10/15/nw.D110000renmrb_20221015_1-06.htm，作者人民日报。

后记

走进新国企，我们见证了许多感人的故事和催人奋进的瞬间。那些为梦想拼搏的大国工程师、那些坚守岗位默默奉献的央企员工、那些勇攀科技高峰的科研团队……他们用实际行动诠释着责任与担当，拼搏与奉献。

锦绣山河荡开历史斑斓图画，英雄人民留下时代闪亮坐标。合上这本书时，眼前又浮现出那些奋斗在一线的身影。他们不仅是这个国家的建设者，也是这个时代最闪耀的坐标，正是这一个个跳动的坐标点，标示着中国前进的方向。

这本书不仅仅是对建设现代新国企的记录和呈现，更是对一个时代的思考和期许。我们深知，这个时代机遇与挑战并存，需要我们共同携手、齐心协力。我们也相信，在全社会的共同努力下，国有企业将不断做强做优做大，为推动中国式现代化建设作出更大的贡献。

最后，我们要感谢所有为这两次活动、这本书付出辛勤努力的专家学者、媒体朋友、网络名人和相关企业，特别鸣谢人民日报社新媒体中心、新华社新媒体中心、中国新闻网、人民网、人民网人民视频、《国资报告》杂志及星球研究所，尤其是俞岚、吴庆才、宋方灿、马学玲、程春雨、郭大鹏、刘青山、屈萌、赵明琪、孟琳达、孙丰欣等敬业的伙伴们，本书凝结着他们的智慧与心血。感谢所有关心、支持国有企业的读者朋友们，你们的关注，让我们更有动力去挖掘更多国资央企故事，展现更多国资央企风采。

让我们共同期待一个更加美好的未来，见证新国企在改革与发展中不断创造新的辉煌！

国资小新

2024 年 1 月 20 日